困ったクレーマーを5分で黙らせる技術

Enkawa Satoru
援川聡

幻冬舎

はじめに

　ここ数年、我が国の刑法犯認知件数は減少しています。検挙率も向上し、数字上は再び「安全な国」に向かっています。しかし実感としてはどうでしょう？　治安への不安は強まり、「安全な国」は遠い昔の神話になってしまいました。

　その原因は、信じ難い猟奇的な殺人事件が増加したことと、数字に表れていないトラブルが身近に増えたことにあります。

　事件として認知されないそんなトラブルの一つに、クレーマーの増加があります。企業だけでなく行政官公庁、学校、病院、近所付き合いの中にまで蔓延《まんえん》していて、大クレーマー社会による混乱は深刻です。

「お客様は神様だ」とはよく聞く言葉ですが、クレーム対応に携わった経験のある人なら、この言葉に疑問を抱いたことが少なからずあると思います。小さなミスを長時間ねちねちと責める人。怒りで沸騰しすぎて、怒っている原因がこちらで把握できない人。暗に特別扱いを要求する人。果たしてこんな人でも神様なのでしょうか。

私は、そんなお客様もやはり神様だと思っています。問題は、難しい神様が増えているということです。昔はいい神様、つまり一般のお客様がほとんどで、たまに貧乏神のように悪いことを企むお客様が現れる程度でした。しかし今では、いい神様のはずなのに社会のストレスで、難しい神様、つまりクレーマーに豹変してしまう人がたくさんいるのです。

あるメーカーで品質管理を担当している幹部社員は、地元スーパーでは有名なクレーマーです。専門知識を駆使して店の商品管理にあれこれクレームを付けているのです。きっと職場でのストレスを発散しているのでしょう。

また、私の知り合いに、まじめで仕事熱心な会社員の男性がいます。三〇代の彼には小学校に上がったばかりの娘がいるのですが、単身赴任の彼が久々に休暇を取って家に帰ると、妻から、

「うちの子、いじめに遭っているみたいなの」

と打ち明けられたのだそうです。

彼は驚きましたが、仕事があり明日には赴任先に戻らなければなりません。そこでなんと、スーツ姿にサングラスをかけて、深夜一時に相手宅に怒鳴り込んだのです。呼び鈴を鳴らしても当然相手は出ませんから、ドアをドンドン叩いて親を玄関先に呼び出し、

「うちの子供をいじめたら、ただじゃおかないからな！」

と精一杯の虚勢を張ったそうです。

こうして迷惑で悪質なクレーマーに変貌してしまった彼ですが、背景には家族と生活できないさびしさや、父親が不在がちである娘を不憫《ふびん》に思う気持ちがあり、それが爆発してしまったのです。

クレーマーというのは特殊な人間ではありません。普通の人が、あるきっかけでクレーマーになっているだけなのです。そのきっかけを上手に聞いて、興奮させずに「お客様」に戻っていただくということが、クレーム解決の基本であり、王道の考え方です。

だからこそ、クレームの初期対応は、まず相手の主張をよく聞くことがスタートになります。

クレーム対応の場合、拙速《せっそく》を旨としてはいけません。「タイトルと違うじゃないか」と思われたかもしれませんが、理由はこれからお話しします。

手っ取り早い実態把握と判断は、困難で危険なことです。クレームの事実を確認し、内容を精査するためにも、できるだけ多くの情報が必要となります。

そのためには、相手が大声で怒鳴っていてもすぐにクレーマーと判断せず、一所懸命に言い分を聞こうとしている姿勢を相手に示すことが重要です。

お客様の怒りの火に油をそそぎ、カンカンに怒らせる原因として、早い段階でクレーマー扱いをしてしまったり、言い訳や中途半端な説明で逃げようとする態度を見せてしまうことがあげられます。

これでは、クレームの混乱が収まっても、そのお客様が二度と来店することも、そのメーカーの商品を購入することも考えられません。大切な顧客を失う結果となり、さらにクチコミで店側の不誠実な対応が広まって、不評の連鎖を発生させるだけです。

それぞれの業種によって対応時間は異なりますが、「最低でも〇分くらいは、しっかり傾聴すること」「必要以上に怖がったり、焦らないこと」といったように、組織の中で明確な基準を作成しておくべきでしょう。対応する人間が逃げ腰にならず、しっかり言い分を聞こうとしてくれていると感じ取れれば、怒声は収まり、

「仕方ないわ。次から気をつけてね」

ということになります。そうなれば、次回もまた買い物に来店したり、同じメーカーの商品を購入してくれる可能性も高まります。

たった一人の顧客といえども、いい加減に扱えば企業姿勢はやがて選別され、長い目でみれば淘汰《とうた》される結果となるのです。

反対に、誠意をもって一所懸命にお詫びをしても納得せず、怒りを収めないばかりか、

金銭や特別扱いなどの理不尽な要求が見受けられれば、対応を顧客満足（CS）からリスクマネジメント（RM）にチェンジしなければなりません。

これが、初期対応の基本です。じつは、ここに至るまでの実態把握と見極めの道のりが大変で、対応者は精根尽き果ててフラフラになってしまうのが普通です。

私のように元警察官でも疲れますし、企業の顧客窓口の専任職でも、迷いや恐怖、あるいは失敗しないかというストレスを感じ、キリキリと胃を痛めているのです。これが現場の現実で、有名な映画のシーンにあったように、

「事件は会議室で起きてるんじゃない。現場で起きてるんだ！」

というわけです。

こうして、対応をCSからRMにチェンジしたら、本当の勝負はここからです。

「やれやれ、まだゴールは見えないのか？」

答えは、否《ノン》です。

じつは、ここまで来ればもうゴールは見えています。ただし、目指すゴールは「解決」ではありません。ここで目指すのは「初期対応の完了」であり、それにはここから五分もあれば十分です。

「私では判断できませんので、会社や組織で相談してお答えいたします」

と対応し、長期戦に持ち込むことがゴールなのです。

悪質なクレーマーだと判断できたら、慌《あわ》てて答えを出す必要はありません。組織全体で対応し、弁護士や警察とも連携しながら、じっくり解決をめざせばいいのです。

現場では、クレーマーの最初の一撃に耐え、理不尽な要求に屈せず、組織に相談すれば必ず乗り越えられるという信念を持つことが大切です。

一対一では毅然《きぜん》と対応できない人でも、仲間の誰かや会社、警察などと繋《つな》がっていると思えば、パニックになることもありません。

私は、かつて大阪府警の警察官をしていました。ただし、現場ではさまざまな仕事を担当しましたが、とくにクレーム関連の脅迫や恐喝にまつわるトラブルを多く手がけたわけではありません。

四〇代になる直前に、実家の都合で出身地の広島に帰らなければならなくなり、大阪府警を退職しました。そして、あるスーパーの店舗警備員の指導担当を務めたあと、小売業の渉外担当を任されることになったのです。

ここで遭遇したさまざまなクレームに毎日対応するうちに、私は少しずつ自分なりのクレーム解決策を身につけていくことができました。そして、クレーム対応の技能が認められ、警察OBという肩書きも手伝って、いつの間にか各方面からアドバイスを求められるクレームマネージャーの立場になったのです。

その後、数多くの体験で得た独自の対処法や方法論をより現場に活《い》かしていけるよう、クレーム対応の専門会社を立ち上げることになりました。気がつくと、私は一般のクレーム対応はもちろんのこと、より悪質なクレーマー対策の「プロ」という道を歩きはじめていたのです。

本書では、そんな私の体験から見た現代のクレーム事情や、クレーム対応の具体的なノウハウや心構えについて、実例を交えながらご紹介していきたいと思います。

悪質クレームを乗り越え、退けることができれば、ピンチはチャンスに、チームワークは向上し、そのリーダーは自信を得てさらなる飛躍をとげることになります。

勇気を出して、決して逃げず、立ち向かっていく「気」こそが勝負と腹をくくれば、クレームトラブルはその後の一生を左右する人生の「分岐点」にもなるのです。

「気迫」「気合」「気概」「元気」「勇気」……そんな「気」を大切に、クレーマーなどに負けず、社会の大道を堂々と歩んで行かれることを願っています。

困ったクレーマーを5分で黙らせる技術◆目次

第二章 悪質クレーマーを「乗り越える」方法

第三章　脅し文句にはこう立ち向かえ！

装幀　多田和博
装画　宮野耕治
本文デザイン＋ＤＴＰ　美創
編集協力　倉田ひさし

第一章

犯罪スレスレ!?
恐怖の悪質クレーマー

「大クレーマーの時代」がやって来た

ある大手食品メーカーには、消費者から年間二万件の電話があるそうです。

その内訳は、八〇%が問い合わせで、ご意見が一〇%、苦情が一〇%となっています。さらに、一〇%の苦情を細かく見てみると、会社側に責任のあるものは、わずか数%に過ぎません。逆に言うと、九七、八%は消費者側の思い込みや誤解、不満などに基づくものだということです。

だからこそ、クレームには世の中の動き、社会のありようが色濃く反映するのです。企業が消費者からのクレームを「宝の山」としてむしろ歓迎するのは、個々のクレームから消費者全体あるいは社会全体が見えてくるからです。

一方、テレビでは弁護士がさまざまな法律相談に乗ったり、訴訟の結果を予測したりするバラエティ番組が非常に人気を呼んでいます。

その結果、訴訟が非常に身近なものとなり、もう泣き寝入りするのはやめて、積極的に訴訟を起こそうという機運が高まっています。ある人気番組のサブタイトルである「絶対に訴えてやる！」という言葉が、視聴者の脳に完全に刷り込まれてしまっているのではないか、とさえ思われる状況になっています。

とは言っても、現実に訴訟を起こすとなると、お金や時間や手間が掛かります。その点、クレームだとお金は掛からないし、自分の意見を貴重な「宝物の情報」として聞いてもらえ、ケースによっては謝礼をもらえることすらあります。また、消費者は神様ですから、丁寧に対応してもらえるので、ストレスの解消にもつながります。

となると、「言わないと損をする」と考え、クレームをつけようとする人が増えるのはむしろ当然と言えます。

誰もがクレームをつける「大クレーマーの時代」が、すでにやって来たのです。

これは決して過言ではありません。

組織内の「見て見ぬフリ」が解決を阻んでいる

いま、メーカー主導型から消費者主導型へと、社会が大きく転換しています。

その結果、企業はいまや「顧客満足（ＣＳ）」を、何よりも重視しなければならなくなっています。

企業は積極的に消費者の意見を取り入れるために、「苦情の中にこそ、ビジネスチャンスがある」として、消費者の要望や意見に耳を傾け、真摯《しんし》に対応するための窓口として「お客様相談センター」などを設置しているのです。

一方、消費者は権利意識に目覚め、ますます声高にそれを主張するようになっています。

ある大手企業の「お客様相談センター」の室長を務めている方の話によると、お客様から寄せられるクレームや要望のうち、二〜三％が悪質なクレームだそうです。その比率を高いと見るか、低いと見るかは人によって違うでしょうが、その室長は、

「電話で解決できない時は、最終的に直接先方に謝りに行くことになる。自分よりも一回りも二回りも若い者に、『お前のところのものを食べたら歯が欠けた』などととんでもな

い言い掛かりをつけられても、じっと土下座して謝らなければならない。腹の中は悔しさで煮えくり返っています」

と、怒りをあらわにしていました。

直接的にしろ間接的にしろ、消費者と接する機会の多い立場の人なら、一度や二度はそうした感情をひそかに抱いたことがあるのではないでしょうか。とくに現場の担当者には多いはずです。しかも、たとえ上司や幹部に相談したとしても、

「そんなイチャモンなんかほっとけ」

「責任者としてちゃんと対応しろ」

などと言われるだけなのです。

企業や組織の数だけ、中間管理職やクレーム対応者の悩みは存在します。明確な答えがないぶん、悩みの闇は深く果てしがありません。

上司や幹部社員にしても、そうしたクレーマーに向き合うのは恐怖です。彼らは自らの経験で、クレーマーとは地雷のように危険なものであることを知っており、それをうまく回避することによって出世してきたともいえます。したがって、なかなか手を貸そうとはしてくれません。じつは、それが企業においてクレーマー対策がうまく進まない要因の一つにもなっているのです。

私はかつて、ある大企業においてクレーム対応に関するアンケート調査を行なったことがあります。その結果、若い現場の社員たちと幹部たちとの間には、お互いに連携して対応しようという意識が非常に希薄であることが分かりました。

「初期段階でしっかりとした対応ができないから、問題がこじれて困難なクレームに発展する」

「困難なクレーム、ハードクレームは部下の対応が悪いから発生する」

というのが、幹部側の圧倒的に多い意見でした。それに対して、若い部下（主任以下）の意見としては、次のようなものが多く見られました。

「トラブルが発生したので、上司に相談しても、逃げ腰で具体的なアドバイスをくれない」

「あまりしつこく訊《き》けないので、よく分からないまま対応して失敗すると、烈火のごとく怒られる」

世の中には「大クレームの時代」が到来しているにもかかわらず、多くの企業では依然としてこうした状況がつづいているのです。これではあまりにも危機意識がなさすぎるといえるのではないでしょうか。たった一つのクレームが原因となって、企業が存続できなくなる例はいくらでもあります。

たかがクレーム、などと侮ってはいけません。

小遣い稼ぎのクレーマーをついに殺してしまった店長

殺人事件という悲劇にまで発展してしまったクレームトラブルがあります。

Jという男は寡黙《かもく》なタイプで、これまでトラブルとはほとんど無縁と思われていた三六歳の介護士でした。ある土曜日の昼のこと、彼は自宅の近くにあるチェーン展開している牛丼店に行きました。

「牛丼弁当を持ち帰りで」

彼は、そう注文して、そばの椅子に腰掛けて出来上がってくるのを待っていました。彼が待っている間に、何人もの客がやって来ました。カウンターの中にいた店員は、注文を復唱し、当たり前のように水の入ったグラスを客の前に置きました。

それを見た瞬間、Jはさっと顔色を変え、大声を張り上げました。

「ちょっと待て。なんで持ち帰りの弁当を頼んだオレには、なにも出さないんだ。同じ客なのに、おかしいじゃないか」

これはまっとうなクレームです。ミスに気がついた店員は、誠心誠意謝りました。J

もその対応に一応は満足し、出来上がってきた牛丼弁当の代金を払って店を後にしました。

店員は、Ｊの後姿を見て、ホッと胸を撫《な》で下ろしました。

ところが、それから間もなく電話がかかってきたのです。

「さっき店で持ち帰りの牛丼を買った者だが……」

それは、Ｊからのものでした。

「お前のとこは接客もなってないが、売ってるのも、とんでもないものだな」

「どういうことでしょうか？」

「中身が傾いていて、食べられるような代物じゃない。どんなものを売ったか、その目でちゃんと見に来い！」

Ｊはそう言って、電話を切ったのです。店員は、すぐに店長に報告しました。彼は二六歳で店長に抜擢されたばかり。意欲満々で責任感も強かった彼は、その報告を聞いて、すぐにＪに謝罪するために出かけていきました。

「誠に申し訳ございませんでした」

店長は、きちんとＪにお詫びの言葉を述べました。ところが、店長がどんなに謝罪しても、Ｊは一向に許す気がないようです。

ねちねちと絡むような態度で嫌味を言いつづけ、時間だけが過ぎていきます。店長は次第に焦ってきました。というのも、昼食時で立て込む時間帯なのに、店にはアルバイトの店員が二人いるだけ。早く帰らないと業務に支障が出てくるからです。

「とにかく早く帰らないといけない」と店長はそのことだけを考えていました。どんな形であれ、とりあえずこの場から解放してほしいと思ったのです。店長はついに、自分のポケットから財布を出し、千円札を取り出して、こう言いました。

「すみません、今日のところは、これで何とか……」

するとJは、

「分かってもらえれば、いいんだよ」

と言いながら、平然と千円札を受け取ったのです。

Jは、店長の態度を見て、「こいつは、クレームをつけて追及したら、身銭を切ってでも解決をはかる奴だ」と見抜きました。Jのクレームは一向にやむ気配がありません。十数回にもおよぶ嫌がらせとしか思えないような電話がつづき、さすがの店長もついに我慢の限界に達してしまったのです。

自分としては精一杯誠意を持って対応しているのに、相手は理不尽で屈辱的な仕打ちを繰り返すだけ。次第に怒りを抑えきれなくなっていったのです。

「もうやるしかない」

ある日、店長はＪの殺害を決意しました。Ｊからの最後のクレームがあった日が、決行の日となったのでした。

これは二〇〇四年に実際に起きた事件です。のちに警察の捜査によって分かったことですが、Ｊはじつを言うと小遣い稼ぎのクレーマーだったのです。彼の自宅の机の中からは、さまざまな店の名前や会社の名前が入った封筒が出てきました。それは、お詫びの証にサービス券や商品券、あるいは千円、二千円の現金を受け取った時のものでした。

彼は、そうしてクレームをつけることに味をしめ、どんどん執拗《しつよう》なクレーマーになっていったのです。

殺人という店長の行為は、決して許されるものではありません。しかし、クレーマーへの対応を間違えると、こうした悲劇が起こってしまうのです。

暗に脅して恐怖心をあおる必殺テクニック

金銭を要求することは「恐喝罪」という犯罪行為になります。

悪質クレーマーはそのことをちゃんと承知していますので、直接的、具体的に金銭を要求することはありません。

どんな手口を使うかといえば、さまざまな脅し文句を並べることによって、企業やお店を底知れない恐怖や不安に陥れるのです。

たとえば、こんな文句がよく使われます。

「マスコミやインターネットにこの事実を流してやる」

「右翼団体に知人がいる」

「行政や保健所にこのことを話したら、営業停止処分は免れないぞ」

たしかに強い口調でこんなことを言われたら、大抵の人は恐怖を感じてしまうことでしょう。しかし、ここで怯《おび》えてしまっては、それこそ彼らの思う壺《つぼ》です。

企業やお店側が一刻も早く恐怖から逃れようとして、具体的には何も要求されていない金銭を、みずから進んで提供するように仕向けるのが彼らの手口なのです。

言葉どおりに右翼を呼んだり、街宣車を出したりすることはまずありません。もしも本当にそうした行為に及んだ場合は、すぐに警察に通報すればいいだけです。警察としてもそのほうがかえって、不当な要求を行なう犯罪行為を取締まりやすくなります。

大切なのは、あくまでも冷静な判断と対応なのです。

十数年前に施行された「暴力団対策法」により、取締りが強化され、暴力団による旧来型の脅しのテクニックは減少傾向にあります。しかし、困ったことに一般のクレーマーが増加し、また「マル暴」関係者も組織の背後に隠れて脅してくるようになりました。

現場では、一般人か暴力団関係者か見分けがつかないような輩《やから》が、こうした脅しのテクニックを使い、混乱の様相を呈しています。白と黒、善と悪、表と裏の見分けがつかないボーダーレスのクレーマー現象が、社会の闇をますます深めているのです。

悪質クレーマー　脅しのテクニック

雷《かみなり》パターン

相手が要求に応じないと、大声でまくしたてたり、突然机を叩いたりするなど、まさに雷が落ちるように直接的に恫喝《どうかつ》する古典的なもの。

暗示パターン

「暴力団は怖い」というイメージを持っていることを知っており、これを逆に利用して、大声や暴力を振るわず、暴力団の代紋・肩書き入りの名刺を示したり、刺青や詰めた指をちらつかせたりするなど、巧妙に恐怖感を抱かせる手口。

疲労困憊《ひろうこんぱい》パターン

ちょっとした失言や言葉尻に因縁をつけ、不当な要求を執拗に繰り返して長時間居座ったり、早朝・深夜を狙って連日電話を掛けたりするなど、精神的・肉体的に疲労させる。最後には、何とかその苦しい状態から逃れたいという一心で、やむを得ず要求に従うようにする手口。

いやがらせパターン

きわめて忙しい時間帯や時期を狙って、執拗に面会を強要したり、大勢で押しかけて社内をうろついたりする。また、会社の出入り口にたむろしたり、通行する女子社員に悪ふざけをしたり、街宣車を使用してがなりたてたりするなどのいやがらせをした挙句、それらのいやがらせを止めてもらうために、やむを得ず要求に従うようにする手口。

漫才コンビパターン（ボケとツッコミ型）

脅し役、なだめ役を決めておき、一人が大声で怒鳴ったり、辛らつな言葉で攻め立てたりし、ここぞという時にもう一人がなだめに入る。そしていかにも味方のようなことを言って、暗に金で解決するのが最善であることを匂わせる。脅し役もなだめ役の顔を立て、引き下がったように芝居をし、これ以上断り続けるとなだめ役も怒らせてしまうと思わせ、要求をのませる手口。

振り込め詐欺と悪質クレームの意外な共通点

「お宅のご主人が、交通事故を起こしました」

という電話が掛かってきました。

「相手の方は妊婦さんで、破水して母子共に危ない状態です。このままではお宅のご主人は交通刑務所行きですよ」

ご存知のとおり、これは振り込め詐欺の典型的な手口です。広く報道されているので、ほとんどの人は承知していることでしょう。ところが、現実にはいまだにこの手口によって、詐欺の被害に遭う人がたくさんいるのです。なぜでしょうか。

それは、「交通事故を起こした」「交通刑務所行き」という詐欺師の思いもかけない一言に強い衝撃を受けて、瞬間的に頭の中が真っ白になるからです。つまり、パニック状態に陥ってしまうわけです。

悪質クレーマーの手口も、じつはこれとまったく同じなのです。彼らはよく大声を上げたり、机をバンバン叩いたりしますが、それは相手を怯えさせ、恐怖心をあおり、パニック状態に陥れるためです。そして最終的には、相手を「早くこの場から脱《ぬ》け出したい」という気持ちにさせるのです。

だとすると、悪質クレーマーに対応するための最も肝心なポイントも、自ずと明確になります。すなわち、パニック状態にならないこと、冷静さを失わないこと。彼らのシナリオに乗らないことが肝心なのです。

悪質クレーマーと付き合うには、

「焦らず、慌てず、パニック状態にならず」

これが鉄則です。さらに具体的には、「冷静に」「強い気持ちで」「勇気を持って」「粘り強く」「平常心で」などがキーワードになります。

「毒をもって毒を制す」と言いますが、悪質クレーマーの手口が相手をパニック状態に陥れることなら、それに対応する側の人間も彼らをパニック状態にしてしまえばいいのです。それは決して難しいことではありません。

「こいつは、ちょっと勝手が違うぞ」

と思わせればいいのです。それによって、彼らは間違いなく出鼻をくじかれることになります。

出鼻をくじかれると、自分のペースが乱れます。スピーディに事を運ばなければいけない彼らにとって、ペースを乱されることは一大事です。そこで、できるだけ早くペースを元に戻そうとして焦り始め、思いがけないところから綻《ほころ》びが生じるのです。

そして最終的には、

「これ以上追及しても、こいつは頑として聞き入れそうもない」

「これ以上追及したら、ひょっとして警察に通報されて捕まるかもしれない」

と考え、捨て台詞を残して退散していくという流れになるのです。

「冷静に」「強い気持ちで」「勇気を持って」「粘り強く」「平常心で」

悪質クレーマーに対応する際には、何よりもまずこのキーワードを思い出していただきたいと思います。この心掛けで対応できるかどうかで、その後の成り行きが大きく変わります。

できれば「日頃の心得」として、カードにでも書き、目につきやすいところに置いておくことをお勧めします。

普通のお客様が悪質クレーマーに変わる境界線とは？

初期対応では誠心誠意お詫びをすることが肝心ですが、悪質なクレーマーになると当然、そこを突いてくる場合があります。

企業側のお詫びが非を認めたものか、それとも不快感を与えたことへの謝罪かにお構いなく、

「詫びたんやな、謝罪したんやな。責任を認めたっちゅうことやな」

という具合に突っ込んでくるのです。

「責任を認めながら、ごめんですんだら警察はいらんのや。責任を認めたんなら、具体的にどないしてくれるんや！　どない補償してくれるんや！」

などと、さらに畳みかけてきます。

誰が聞いても、お金や特別扱いなどを暗に要求していることが分かります。これはもちろん、もう普通のクレーマーの領域を越えており、「グレーゾーン」に入っています。この見極めが非常に大事なのです。なぜなら、ここから先は対応の仕方を変えなければな

らないからです。

では、どのようにして見極めたらいいのでしょうか。

悪質なクレーマーもどんどん手口を巧妙化させてはいますが、グレーゾーンに突入したことを示す典型的な言葉はいくつかあります。もちろん、クレーマーの性格やその時の心理状態などによって、言葉づかいやニュアンスに違いは出てきます。しかし、核になる部分は同じです。

不当な要求をしたり、変な言い掛かりをつけたり、責任が明確でないのに過大な要求をしたりしながら、自らの名前や住所は明かそうとしない場合。

これは、グレーゾーンのクレーマーだと判断して、ほぼ間違いありません。

これが出たら要注意!! グレーゾーンを見極めるキーワード

「どうしてくれる!」

「マスコミ、インターネットに流すぞ!」

「保健所、行政に言うぞ!」

「右翼に知人がいるんだ」

「街宣ビラまきになれば大変だぞ!」

「営業問題に発展するぞ!」

「ライバル他社はこう対応したぞ!」

「いますぐ結論を出せ!」

「○○を連れて来い!」

「○○をクビにしろ!」

「謝罪文を出せ!」

「誠意を見せろ!」

「責任者としてのお前の力量を見せろ!」

「俺とお前の、心と心の問題だ!」

「いまから新幹線で行く!」

「精神的苦痛で仕事が手につかない!」

「休業補償、交通費、迷惑料はどうしてくれるんだ!」

「早くしろ、もう待てない!」

スピーディな解決が誠意だという勘違い

顧客満足、ＣＳは現代のあらゆる組織で何よりも重視されます。

しかし、クレーマーがグレーゾーンに入り、真の顧客ではなく、偽の顧客、迷惑な存在だということが分かったら、その時点で対応の仕方もスピーディに変えていく必要があります。

グレーゾーンのクレーマーへの対応は、単なるクレーム対応ではなく、もっとレベルの高い「危機管理対応」になります。グレーゾーンに突入したら、ＣＳモードからリスクマネジメント（ＲＭ）モードへと対応法を転換する必要があるということです。

ＣＳモードでは、現場の担当者のお詫びの気持ち、真摯な対応がキーポイントでした。では、ＲＭモードでは何がポイントとなるのでしょうか。

ＲＭモードのキーポイントは、あえて現場（その場）では答えを出さないということです。

危機管理は、個々の従業員の安全を確保するためのものでもありますが、お店や企業にとってのさまざまな危険性を回避することもまた、大きなポイントになります。そのためには、組織の総力を挙げて、さらには警察や弁護士などとも連携して、じっくりと対応することが肝要です。

急ぐ必要はありません。その意味では、マラソン勝負と言えます。

じつは悪質クレーマーにとって、それこそが最も避けたいことなのです。そもそも、彼らが決して自分の名前・住所を明かそうとせず、即答を要求するのは、まさにそのためと言っていいでしょう。

彼らは自分が悪いことをしていると十分に認識しており、名前や住所が分かってしまえば、いずれ逮捕状を持った刑事が自宅にやって来ることを承知しているのです。

また、現場で余計な時間を費やせば費やすほど、警察に連絡される可能性が大きくなります。彼らとしても、そうした危険性はなるべく回避したいからこそ、できるだけ短時間で勝負しようとするのです。

RMモードに入ったら、基本的には相手に説明する必要はありませんし、相手の問いに答える義務もありません。むしろ言葉数が多いと、かえって言葉尻をとらえられて、深みに引きずり込まれる結果になってしまいます。

早く解決しなくてもいいし、答えも出さなくていいのです。

スピーディに対応することは誠意ですが、スピーディに解決することは誠意ではありません。スピーディに解決しようとするのは相手の思うままになること、罠にはまることでしかないのです。

したがって、言葉数をできるだけ少なくし、相手のペースに巻き込まれないように、のらりくらりとした受け答えをしたり、場合によっては沈黙したりすることも大事です。

このことは、ぜひとも肝に銘じておいていただきたいと思います。

第二章
悪質クレーマーを「乗り越える」方法

「撃退」ではなく「乗り越える」ことが解決の近道

悪質なクレーマーには、誰もが遭遇したくないはずです。

ですから、実際に遭遇すると、多くの人は「出会ったのは不幸として諦《あきら》め、そんな不幸からは一分、一秒でも早く脱け出したい」と考えてしまうのです。また中には、「悪質クレーマーは、絶対に撃退しなければならない」と考え、チャンス到来とばかりに戦闘モードに切り替える人もいるかもしれません。

しかし、じつはどちらも間違いです。

背中を見せてさっさと逃げようとしたら、「私は絶好のカモですよ」とわざわざ知らせるようなもの。

また、撃退しようと肩に力を入れて対応しようとすると、相手は百戦錬磨のやり手ですから、必ず相手のペースにずるずると引きずり込まれ、ついには罠にはめられることになってしまいます。

したがって、まず心掛けておかなければならないことは、悪質クレーマーに対しては

「逃げる」のでもなく、「撃退する」のでもないということです。悪質なクレームには屈することなく「乗り越える」ことが大事なのです。

悪質クレーマーに対して毅然とした態度で対応するのはもちろんですが、そのためには、やはり「乗り越える」のだという強い意思がなければなりません。「乗り越える」意思を持っていれば、そのことは悪質クレーマーにも自ずと通じ、「これは手ごわいぞ」と思わせます。

相手にそう思わせることができれば、「乗り越える」べき壁の高さは、それだけでもかなり低くなるはずです。

誠心誠意お詫びする姿勢は何よりも大切

初期対応の極意は、一言で言ってしまえば、「誠心誠意お詫びする」ということ。それ以外にはありません。

スーパーのレジなどでは、お客様が並んでいるのにも気づかずに、担当者がおしゃべりをしている光景を目にすることがあります。お客様が堪《たま》らず、

「あんたたち、何おしゃべりしてるのよ。お客さんが待ってるやないの」

ここでレジ係が、

「大変失礼いたしました！」

とすぐにお詫びしてレジを打ち始めれば、お客様も、

「次からは気をつけなさいよ」

と言って許してくれるはずです。

ところが中には、「なに言うとんの、このおばはんは」というような顔をし、「すみません」とも言わないレジ係もいます。

そうなると、お客様は不満をよりいっそうつのらせ、クレーマーと化して店長を呼んだり、本部に電話を掛けたりすることになるわけです。

また中には、

「おしゃべりをしてるんじゃなくて、業務上の打ち合わせをしてたんです」

と言い訳をするレジ係もいます。それが嘘なら論外ですが、たとえ本当であったとしても、明らかに「お客様第一主義」には反します。

業務上の確認のためにお客様を待たせるのは、自分第一主義、お店第一主義、企業第一主義だとお客様には受け取られてしまうのです。その結果、お客様の足が次第に遠のいていってしまうことになります。

私のところには、こんな要請が来ることがよくあります。

「ヤクザみたいな人が来ているんで、すぐに応援に来ていただけませんか」

それで急いで行ってみると、確かに顔つきといい、声の大きさといい、言葉づかいといい、ヤクザと思われても仕方がないかなと思われるような男性がいます。

ところが、よく話を聞いてみると、ヤクザでも何でもなくて、ただちょっと頑固な男性であり、従業員がしっかりとお詫びをしないから、テンションを上げてしまっているだけだったのです。

「どうもすみません、失礼いたしました」

とお詫びをしたところ、案の定、機嫌を直してすんなりと帰ってくれました。

とにかく相手がどんな人間であれ、現場で不満を言われたら、

「どうもすみません！」

「失礼いたしました！」

と、まずは誠心誠意お詫びすることが肝心です。それも、もちろんできるだけその場でスピーディに行なうことが大切です。

スピーディな対応は、誠意の証にもなります。迅速な対応に腹を立てるお客様は、まずいないはずです。

謝罪は非を認めることではない

トラブルがいつ発生するか、それは誰にも分かりません。

だからこそ、日頃から店や企業側にしてもらわなければならないことがあります。

それは「護身術」を身につけることと、「理論武装」をすることです。

「護身術」とは、突然のクレームに対しても冷静に対応できるように、お店や企業が組織的に対応方法を確立し、自分たちを守るということです。

民法にも規定されているとおり、従業員が起こしたトラブルについては、雇用主である企業側に「使用者責任」があって、企業が賠償しなければなりません。だからこそ、チェーン店と本部、支店と本社は常に緊密に連携を取り、組織的に対応する必要があるのです。

先に紹介した牛丼店の店長が引き起こした事件にしても、きちんと組織として対応していれば、未然に防げたかもしれません。

この事件が話題になったころ、ある外食産業のトップはこう語っていました。

「現場がしっかりと本部に相談してくれたら、なんとか対応の仕方もあったはずですよ……。それが残念でたまりません」

店長はすべての責任を自分一人で負おうとしてしまったのです。彼が、身銭を切ってお金を払う前に本部に一言報告していれば、別の対応策があったに違いありません。

ところが彼は、お金を払うという重大なミスを犯してしまったために、報告する機会を失ってしまったのです。責任感が強かった彼は、自分で何とかしようとして、かえって泥沼にはまってしまったわけです。

自分一人では解決が難しいと判断したら、即座に本部に相談すべきです。

そうすれば、店と本部が緊密に連携していることが従業員にも分かり、店長に対する信頼感が増し、安心して働ける状況が生まれるのです。

そのようなしっかりした意識のある店は悪質クレーマーに狙《ねら》われにくくなり、トラブルも未然に防ぐことができます。

肝心なのは、常に一人ではなく、組織全体として対応するのだという意識が浸透していること。それこそが悪質クレーマーにも負けない強靭《きょうじん》な組織を作ることなのです。

また「理論武装」とは、謝罪に関する概念をきちんと確立すること。クレームを受けたら、まずは相手に対して、

「それは申し訳ございませんでした」

と謝罪の言葉を述べるのが礼儀です。

しかし、ここで明確にしておかなければならないポイントが一つあります。

その謝罪は、あくまでも相手が陥ってしまった不本意な状況、不愉快な状況に対しての謝罪であって、自分たちの落ち度を認める、責任を認める謝罪ではないということです。

その理論を明確にし、全員が共有することが大切なのです。

そのポイントが明確になっていないと、

「あなたの対応が悪いから、こんなことになった」

「これは欠陥商品だ」

などというクレーマーの主張に対して、こちらの落ち度に関係なく安易に謝罪してしまうことになります。それは他でもない自分たちの責任を認めることであり、その後のクレーマーとの交渉を不利にする要因になります。

そうしたことを回避するためにも、「理論武装」が必要なのです。

ちなみに、私はいま「特殊で悪質なクレーム三ない運動」を展開しています。

「暴力団を恐れない、暴力団に金を出さない、暴力団を利用しない」

という「暴力追放三ない運動」を私なりにアレンジして、

「特殊で悪質なクレーマーを恐れない」

「特殊で悪質なクレーマーに金を出さない」

「特殊で悪質なクレーマーについては独自判断をしない」

という運動を推進しているところです。

五分あればクレームを乗り越えられる

クレームを「乗り越える」ためには、努力と忍耐とそれなりのテクニックが必要です。忍耐には時間的な限界がありますが、それは必死になって抵抗しようとする悪質クレーマーにも同じことが言えます。

「乗り越える」意思と、「乗り越えられまい」とする意思のせめぎ合いになりますが、私はその決着は五分あれば十分に可能だと考えています。それに、努力と忍耐が五分で終わると思えば、勇気も出てくるのではないでしょうか。

では、なぜ五分なのでしょうか。

これは、私が元ヤミ金業者の取り立て屋や、さまざまな電話による悪徳商法の元プロから聞いた実際の話です。

「電話で相手と五分間話をつなぐことができれば、詐欺が成功する確率は飛躍的にアップするんだよ」

彼らは、不敵な笑みを浮かべてそう言っていました。

逆の立場になって考えれば、詐欺の魔の手から逃れるためのチャンスが、五分間という限られた時間にあるということです。その五分間のうちにしっかり対応すれば、みすみす被害に遭うようなことにならずにすむのです。

どうすれば、そんなことができるのでしょうか。具体的な事例を取り上げて、そのプロセスを紹介しましょう。これは、ヤミ金の取り立ての例です。クレーム対応にあてはめて考えれば、クレーマーの「見極め」ができて、悪質クレーマーだと確信が持てた段階と同じです。

取り立て屋が、ある企業に電話をしてきました。

「もしもし、お宅に○○ちゅう従業員がおるやろ。うちから金を借りておるんやけど、全然返さへんのや。いますぐ、電話口に出してくれるか」

ここで、あれこれ話す必要はありません。口数は少ないほうがいいのです。そのことを心得ていた担当者は、こう応えました。

「いまは業務中ですので、私用の電話をおつなぎすることはできません。失礼します」

相手はしゃべりつづけていましたが、構わずに切りました。すると、すぐに二度目の電話が掛かってきました。当然、相手はテンションを上げて怒鳴り始めました。

「おまえ、なめとんのか！　人がまだ話しとんのに、なんで切るんや！」

担当者は、それでも焦ることなく、冷静に応えました。

「先ほども申し上げましたとおり、業務中に私用の電話をつなぐことはできませんので、失礼させていただきます」

そう言って、担当者は再び電話を切りました。ここで不用意に担当者がテンションを上げてしまうと、相手に録音され、「この企業の姿勢はこうなんだ」とインターネットで流されたりする危険もあります。ですから、ここでもやはり口数はできるかぎり少なくすることが肝心です。

やがて、三回目の電話が掛かってきました。それも、「業務の支障になります」と言って切りました。相手はプロですから、そんなことで手を引くわけがありません。つづけて四回目の電話です。担当者は今度は、こう告げました。

「こう何度も電話をされたのでは業務の支障になりますので、警察に通報します」

警察に通報すると言えば、八割程度はもう電話をして来ないのですが、この取り立て屋はかなりしつこいタイプのようで、五回目の電話が掛かってきました。

「ふざけんな。うちは金を貸しとるんや！　いますぐ、〇〇を出さんかい！」

「業務妨害ですよ。これから警察に連絡させていただきます、失礼します」

担当者は電話を切りました。これで九〇％は引っ込みます。しかし、この取り立て屋は残りの一〇％に入るしつこい人間でした。六回目の電話です。

「業務の支障になっていますので、警察に通報しました。警察の指示で、この通話を録音させていただきます」

担当者はそう言って、あらかじめ用意していたカセットテープレコーダーのスイッチをカチッと押しました。

「どうぞ、録音していますから、いくらでもおっしゃりたいことがあるんでしたら、おっしゃってください」

担当者はその後、沈黙したままでいました。すると、一〇秒ほどで相手のほうから電話を切りました。それ以後、電話は掛かって来ませんでした。

この一連の流れに要する時間が、およそ五分なのです。

また、機関誌の購入や賛助金などを要求する悪質なクレーマーに対しても、対応の仕方はまったく同様です。一回目の電話に対しては、

「私どもはいかなる団体の機関誌の購入も賛助金の提供も行なっていません。失礼します」

と言って切ります。二回目の電話には、

「先ほども申し上げたとおり、私どもはすべてお断りしています。失礼します」

と対応します。三回目の電話への対応はこうです。

「何回かけていただいても、私どもの答えは一緒です。もうやめてください。失礼します」

さらにしつこく電話が掛かってきたら、業務を妨害されていること、警察に連絡し通話を録音することを通告します。

いずれの電話でも、応答は必要最低限にとどめ、一方的に切ります。したがって、一回の電話対応に要する時間は、五秒もあれば十分です。それが六回つづいたとしても、実際の対応時間は三〇秒ほどに過ぎません。

相手も電話を切られるたびに、何らかの作戦を練ったりするでしょうから、次の電話をするまでには一分くらいは掛かるでしょう。その時間を計算に入れても、やはり五分あれば十分に決着がつけられます。

これが、「五分で悪質クレームを乗り越える」という私の主張の根拠でもあります。

乗り越えるための五つのポイント

これまでのところで、悪質クレーマーに対しては「排除する」のではなく「乗り越える」のだという意識を持つべきだという心構えを理解していただけたと思います。

では実際に対応するには、具体的にどうしたらいいのでしょうか。

悪質クレーマーに対応する場合に、絶対に忘れてはならないことは、次の五つのポイントに集約できます。

①経緯をしっかりと録音、記録する
②安易な約束、いい加減な言葉は口にしない
③交渉は複数で
④自宅電話や携帯電話の番号は絶対に教えない
⑤交渉のスタンスは、あくまでも対等・平等のつもりで

この五つの原則をまず忘れないようにしましょう。

そのために、この五つのポイントをカードにまとめて、いつでもすぐに確認できるようにしておくといいでしょう。繰り返し確認していると、いつの間にか覚えてしまうもの。面倒くさがらずに実践することをお勧めします。

次に、それぞれのポイントに関して詳しく説明します。

Point 1 経緯をしっかりと録音、記録する

まず必要なことは、悪質クレーマーに遭遇したら、できるだけ詳細にやり取りを記録すること。クレームが寄せられた時の状況から、クレーマーとの交渉の推移、クレーマーの様子など、どんな些細《ささい》なことでも、できるかぎり正確に記録しておくことです。

曖昧《あいまい》さをなくすには、やはり録音しておくことがベスト。テープレコーダーでもいいし、最近は非常に小型で高性能なＩＣレコーダーもありますから、そうしたものを常に用意しておき、いざという時にはすぐに使えるようにしておくこと。

こうして記録、録音さえしておけば、その内容を社内で共有化する方法はいくらでもあ

ります。

また、しっかりと記録、録音しておけば、最後の手段として警察や弁護士などに相談することになった場合、重要な資料・証拠にもなります。警察も、たとえ被害届を受理したとしても、明確な証拠がなければ、悪質クレーマーから参考人として事情を聞くことしかできません。

しかし録音さえしておけば、悪質クレーマーとしても言い逃れはできません。厳然たる証拠があるわけですから、場合によっては逮捕することもできるのです。

もっとも悪質クレーマーの中には、録音しようとすると、「個人情報保護法」を盾にして阻止しようとする者もいます。しかし、それは心配する必要がありません。暴力を受けるかもしれないような非常に危険な状況に置かれているわけですから、「個人情報保護法」を理由に録音を阻止することはできません。

また、悪質クレーマーの呼び出しに応じて先方に赴いた場合は、なおさらその危険性がありますから、レコーダーを持参することは絶対に必要です。

ただし、いきなりレコーダーを取り出して録音を始めたりすると、相手の感情を逆なですることになる恐れがあります。録音を始める前に、

「申し訳ありませんが、後で言った、言わないの問題になってはいけませんので、録音さ

せてください」

と一言断るほうが無難です。

相手によっては、それに逆上して胸倉をつかんだり、レコーダーを放り投げたりすることもあります。そうなったら、

「こちらはあくまでも話し合いをするつもりで来たのですが、お怒りのご様子ですから、また後日、出直して来ます」

と言って、私はさっさと帰って来ます。もしも暴行や器物損壊などがあれば、それはそれで警察に訴えればいいのです。

しかし、企業の顧客担当者がそんな危険を冒す必要はありません。相手先に出向く時には当然、単独ではなく複数で出かけるようにし、険悪な空気になったら、

「これでは話し合いはできませんので、失礼させていただきます」

と言って退散すること。

無用な争いは避けることが第一です。

Point 2
安易な約束、いい加減な言葉は口にしない

最近、クレーマーが単なる口頭での謝罪ではなく、文書による謝罪を要求するケースが多くなってきています。

それに対して、企業側にも謝罪文だけで一件落着となるのなら、こんなにありがたいことはないとばかりに、安易に書く約束をしてしまう傾向が強まっています。しかし、これは要注意です。謝罪文はいったん相手の手に渡ったら、そこからは勝手に一人歩きをしてしまうからです。

たとえば相手が、その謝罪文を保健所や消費者センターなどに持ち込むことがあります。保健所や消費者センターに通告すること自体は、問題がエスカレートするのを防ぐという意味で悪いことではありません。

しかし、「当方に全面的に責任があります」と明記された謝罪文が保健所や消費者センターなどに渡ってしまうことは、行政側に監視されることになり、大きなリスクを背負わされることにもなります。クレーマーが謝罪文を要求するのは、そうしたプレッシャーを掛ける意味もあるのです。

もしも相手が悪質クレーマーだったなら、企業がすでに提出した謝罪文を積極的に利用するとほのめかすことによって、自分の要求をのませようとしてきます。企業側としては、どのように悪用されるか分からないわけですから、心理的にはかなりのプレッシャーになります。

つまり、安易に書いてしまった謝罪文が、いつの間にか脅迫の道具にされるということです。

そうした事態を回避するためには、たとえ相手の要求が謝罪文を書くことの一点に絞られていたとしても、安易に「書きます」などと承諾してはいけません。まずは、「私の一存ではできませんので、しかるべき者と相談した上でご報告させていただきます」とその場をやり過ごす必要があります。そして、会社の関係部署や顧問弁護士などと相談し、内容をよく検討した上で対応することです。

安易な約束は、命取りになる危険性もはらんでいます。

「口は災いのもと」と心得て、相手に言質《げんち》を与えるようなことは、厳に慎むべきです。

Point 3

交渉は複数で

単独行動では、悪質クレーマーが用意周到に仕掛けておいた罠を見つけ出し、逃げ出すことはきわめて難しいと言わざるをえません。相手がまったくの予想外の言動をした場合、一人ではお手上げ状態になってしまうのです。

その点、二人、三人と仲間がいれば、それだけでも心強いし、知恵を出し合うことによって十分な対応も可能となります。また、胸倉をつかまれたりした場合でも、容易に事実を立証することができます。

むろん、言った言わないの問題になった時にも、複数で対応していれば、強力な証人がいるわけですから、真偽を決定づける上で非常に有利になります。監視の目は二つよりも四つ、四つよりも六つと、多ければ多いほど危険を回避できる可能性が高くなるのです。

「クレーマーへの対応なんて、自分一人で十分だ」

などと考えてはいけません。そうした思い上がりが、結局は自分を身動きのとれないような状況に追い込んでしまうのです。

悪質クレーマーには、複数の人間が緊密に連携して対応することを心掛けてください。

ただし、多ければいいというわけではありません。

数年前に、マッサージ機の不具合に悪質なクレームを入れた右翼とおぼしき人物の邸宅に、家電販売店から二名、メーカー二名、配送業者二名の計六名でお詫びに出かけたことがあります。

それぞれ会社も立場も違う六名の人間は、詳しい打ち合わせもせずに行ってしまったおかげで、クレーマーの追及に誰も責任ある回答ができませんでした。それればかりか、口を開けばいらぬ言いがかりをつけられる恐れから、ただただ延々とお詫びだけを繰り返し、なんと五時間以上も不毛なやり取りをしたあげく、泣きたくなるような思いをさせられたというのです。

ここで大事なのは、誰が主に答えるのか、何人ぐらいが妥当か、恐喝になったときにはどうするか、こうした点についてしっかり打ち合わせをし、役割分担をしておくことです。それが、本当の意味での「危機管理対応」なのです。

Point 4

自宅電話や携帯電話の番号は絶対に教えない

クレーマーと企業の顧客担当者との最初の接触は、電話によるものがほとんどです。しかし、何らかの方法で悪質クレーマーが顧客担当者の自宅の電話や、携帯電話の番号を入手したとしたら、いったいどうなるでしょうか。悪質クレーマーは一〇〇％、担当者に対して昼夜の区別なく個人攻撃を仕掛けてくるはずです。

たとえば、クレームが発生して、クレーマーの自宅にお詫びに行かなければならなくなったとしましょう。その際、相手は「近くまで来たら、一度電話をするように」と念を押してくるはずです。

担当者は何の警戒心もなく、言われたとおりに携帯から連絡します。

「いま、近くまで来ていますが……」

じつは、悪質クレーマーはこれを待っているのです。いまの電話には、掛けてきた相手の電話番号を記録する機能があります。電話を掛けること自体が、自分の電話番号を相手に教えてしまうことになるのです。ちょっとした不注意から、知らぬ間に自分の携帯電話の番号が漏れてしまうわけです。

また、休日などに自宅から電話をすれば、自宅の電話番号を相手に知られてしまうことになります。そうなると、悪質クレーマーは担当者だけではなく、家族をも標的にして脅迫めいた電話を掛けてきます。それが何度もつづけば、家族も怯え、精神的な苦痛は何倍にも大きくなります。

ただし、非通知設定・184コールは、お客様には失礼であり、感情を逆なでし、ハードなクレームに発展させてしまう可能性もあります。これも要注意です。

クレームには、誠意を持って対応するのが原則ですが、社会通念を逸脱してまで誠意を示す必要はありません。担当者といえども、帰宅した後や休日などには、いくら相手から「電話をしろ」と要求されても、応える必要はまったくないのです。会社としても、

「本日はもう連絡が取れませんので、明日、掛けさせていただきます」

と相手に伝えるべきです。

それをルール化し、日頃からきちんと守るようにすれば、自然に対応できるようになるはずです。

たとえ非常識だとなじられても、

「申し訳ありません。弊社ではこのように決められています」

と、丁寧に対応することです。このとき、「ですから」「だから」といった不用意な言葉

には気をつけること。こうした言葉も、相手の感情を逆なでする「禁句」といえるでしょう。

Point 5 交渉のスタンスは、あくまでも対等・平等のつもりで

交渉を本当に実のあるものにするためには、やはり対等の立場で話し合いに臨まなければなりません。たとえ表面的にはへりくだった部分があるとしても、内心では常に、「私はあなたの言い分を聞きに来たのではありません。あくまでも交渉に来たのですから、立場としては五分と五分の対等ですよ」

という意識を持っている必要があります。

「相手はお客様なのだから、自分は相手よりも弱い立場にある」

という意識が働くと、どうしても相手のペースに引きずり込まれてしまいます。

悪質クレーマーは、もともと対等な立場で交渉しようとは思っていません。個人情報保護法を盾にとり、住所や氏名、電話番号などを明かそうとしないケースが多いのです。「お客様のご氏名とご住所をお教えくださいませんでしょうか」とお願いしても、「それ

は個人情報だから言えない」と断ってきます。だが、そこで「はい、そうですか」とあっさりと引き下がるわけにはいきません。

「会社に報告しなければいけませんので、どうかお教えください。そうでないと、会社として対処ができませんので」

と食い下がる必要があります。なぜなら、この要求はきわめて正当な要求だからです。

「私としては、どなたからご意見をいただいたのかを、きちんと報告する義務がありますので、ぜひお教えください」

と強く要求しなければなりません。そうすることによって、まずはお互いの素性をはっきりさせることが、話し合いの大前提であることを相手に理解させるのです。

住所も氏名も明かさないような相手とは交渉ができませんし、警察や弁護士が関与することもできません。最低でも、住所、氏名、電話番号は明らかにしてもらい、対等の立場で交渉に臨むよう心掛けるべきです。

思いきって弱みをさらす「ギブアップ・トーク」が有効

電話による悪質なクレームに対応する有効なテクニックとして、ぜひ身につけていただきたいのが「ギブアップ・トーク」です。テンションを上げて威圧的な話し方をする悪質なクレーマーがいやがるのが、この「ギブアップ・トーク」なのです。

では、「ギブアップ・トーク」とはどんなものなのでしょうか。

具体的な事例で紹介することにしましょう。これは、あるスーパーの店長と悪質クレーマーとのやり取りです。

「お前んとこから、お得意先に祝いの品を送ってもらったんやけどな、全然違う物が届いてるやないか。お得意さんには『なんぞ、恨みでもあるんかい』と怒鳴られ、わしのめんぼくは丸つぶれや。どないしてくれるんや！」

クレーマーはすでにかなり興奮しており、威圧的になっています。それに対して、店長は次のように応えました。

「申し訳ありませんが、このようなケースは私にとっては初めてなものですから、私一人ではとても判断できかねるのですが……」

これが「ギブアップ・トーク」です。つまり、自分一人の判断はお手上げだと宣言してしまうのです。ただし、そう言われて「ああ、そうかい」とクレーマーが引き下がるわけがありません。

「お前は店長やろ、責任者やろが。責任者やったら、それぐらい自分で判断せんかい」

店長はさらにこうつづけました。

「申し訳ございません。私は確かに責任者ですが、私にできるのは、お詫びしたり、商品の代金をお返ししたり、商品を交換することであって、お客さんがおっしゃっている精神的苦痛の補償というような難しい話になりますと、私一人の判断ではできないのです」

「お前、頼りないやっちゃな、それでも店長なんかい」

「申し訳ありません。ほんとにお腹立ちのこととは思いますが、私一人ではどうにもなりません。頼りないことで、ほんとに申し訳ありません」

クレーマーとしては当然、その場で判断させて要求を受け入れさせようとします。

「バカヤロー! 申し訳ないですむと思うとるんかい。どないしてくれるんじゃ、はよう返事せんかい!」

このように激しく畳み掛けられると、ついつい安易に回答しがちになってしまいます。

しかし、店長はそれに応じませんでした。というのも、このスーパーでは組織全体で悪質クレーマーに対応する体制が整えられていたからです。いざとなったら組織を挙げての対応ができると分かっていたので、店長は強い気持ちを維持しつづけることができたのです。

「何度も申し上げるように、私一人では判断できません。大事なことなので、しかるべき者と協議してお返事します。ですから、お名前と住所、電話番号を教えてください」

店長はそう応えて、後は沈黙していました。

この流れからも分かるように、最初のうちはいかにも悪質クレーマーが主導権を握っていたように思われます。しかし、「ギブアップ・トーク」をつづけていくうちに、いつの間にか主導権は店長側に握られてしまっているのです。

どんなに悪意を持ったクレーマーであったとしても、相手が、恐ろしい牙《きば》を剝《む》き出した狼を目の前にして、命乞いでもするように哀れな声で鳴く子羊だとしたら、いくらか慈悲の心が働くのではないでしょうか。

「お前では話にならないから、上の者を呼べ」

となるのは、本心は早くけりをつけたいだけかもしれませんが、心のどこかでは哀れな子羊は苛《いじ》めたくないという思いがあるはずです。

だからこそ、「自分にはどうすることもできないのです」と繰り返すと、「仕方がねえな」と、引き下がらざるを得ない状況になっていくのです。

なお、「ギブアップ・トーク」をもっと活用しようと思ったら、次のように応えればいいでしょう。

「あまり大きな声で怒鳴らないでください。ほんとに怖くて、私は頭の中が真っ白になってしまい、お答えを見つけることができません」

怖ければ「怖い」とはっきり言えばいいのです。これこそ文字どおりの「ギブアップ・トーク」です。

「五秒の沈黙」には「一〇秒の沈黙」で応える

自分が描いたシナリオどおりに事態が進展しないと、必ずと言っていいほど「どないすんのや！」などと恫喝してくるのが悪質クレーマーの手口です。恫喝することによって、相手の恐怖心をさらにあおり、暗に有利な回答を強要するわけです。

しかも、悪質クレーマーはここで実に巧みなテクニックを用います。いわゆる「五秒の沈黙」というテクニックです。

どんなテクニックかといえば、「どないすんのや！」と恫喝したら、その後、五秒間だけ返事を待つのです。恫喝された側は、次に何をされるか分からないという恐怖感が常にありますから、そこで沈黙されると恐怖感がさらに増幅されます。そうなると、早く何らかの回答をしてしまいたいという心理が働きます。

そんな心理状態で相手と応答を繰り返していると、不用意な言葉尻を捉えられ、新たな弱みを握られる結果になる危険性もあります。たとえば、こんな成り行きになることも。

「私一人では、どうにもできないんです。普通のお客さんでしたら、分かっていただけるんですが……」

「おい、いまなに言うたんや。わしが、普通じゃないんやて。普通の客じゃないって、どういうことや。お前、それは差別発言やろ。出るとこへ出てやるぞ！」

こうなると、最初のクレームが人権問題にすり替わってしまい、問題はますますややこしくなります。悪質クレーマーにとっては願ってもない絶好のチャンスで、ここで一気に要求を承諾させようと勢い込んできます。

こんな時は、どうしたらいいのでしょうか。

かりに、悪質クレーマーが「五秒の沈黙」に入ったら、怖がらずに沈黙していればいいのです。応える必要はまったくないのですから、むしろ受話器を置いて、クレーマーが再び話しかけてくるのを待つくらい気持ちの上での余裕を持つべきなのです。

悪質クレーマーは、相手の沈黙が自分より長引けば「あれっ？」と思い始め、やがて、「こいつは乗って来ないぞ」と焦り出します。こうなったら、いままでとは状況が変わってくるはずです。

私は、かりに悪質クレーマーが「五秒の沈黙」に入ったら、こちらはさらに五秒上乗せして、一〇秒間沈黙をつづけることをお勧めしています。

「聞いとるんか、おい！」

クレーマーはそのうち痺《しび》れを切らして、怒鳴ってくるでしょう。

「ちゃんと聞いてます」

「聞いとるんなら、さっさと返事をせんかい！」

そう悪質クレーマーが怒鳴ったら、また沈黙を守っていること。とにかく余計なことは言わないほうがいいのです。

そうすれば、「どうもいつもと調子が違うぞ」と悪質クレーマーは自分で考えはじめ、心理的に自分で自分を追い込んでいくことになります。

「のらりくらりの術」で相手をかわす

悪質クレーマーは、自分の要求をのませようとして「実際にそうなったらいやだなあ」と相手が思うようなことを、脅し文句として使うのが常套手段です。たとえば、

「マスコミに流すぞ！」

「インターネットに流すぞ！」

などという言葉で迫ってくるのです。

それに対して、マスコミやインターネットに流されたら大変だ、と必死になって頑張ってみたところで途中で腰砕けになってしまいます。

こうした場合は、彼らの土俵に乗らないことが肝心なのです。

「えっ、マスコミですか、それは困りましたねえ」

「インターネットに流すんですか、それもまた困りますねえ」

こんなふうに、のらりくらりと対応するのが一番効果的なのです。

「困りましたねえ。でも、お客さんのお考えですから、それに対して私どもがどうこう言

えませんし、申し訳ないですけど……」

と何となくかわしてしまうのです。悪質クレーマーにしてみれば、これほどつかみ所のない相手はいません。

「のらりくらりの術」は、事を一気に押し進めてしまおうとする悪質クレーマーに、とっておきの有効なテクニックであると言えます。

「同意も反論もしない」テクニックで戦意を喪失させる

有効なテクニックはまだあります。「同意も反論もしない」というテクニックをご紹介しましょう。

ある食料品店に、こんな電話が掛かってきました。

「お前のとこの商品で腹が痛くなったんだ」

「えっ、私どもの商品を召し上がってお腹が痛くなられたんですか？」

「ああ。下痢がひどかったんだけど、オレは医者嫌いだから、病院には行ってない」

「下痢をされてたんですが、病院には行っておられないということなんですね」

「お前のとこの商品しか食べてないんだから、それが悪かったに決まってるじゃないか」

「私どもの商品しかお口にされていらっしゃらなかった。だから、私どもの商品が悪いんだ、とおっしゃってるわけですね」

「そうだ。で、どんな誠意を見せてくれるんだ」

「私どもの商品が悪かったんだから、私どもの誠意をお訊《たず》ねになられているというわけですね」

このやり取りからも分かるとおり、この店の商品が原因で腹痛を起こしたというのですが、具体的な根拠が全然示されていません。店の商品と腹痛の因果関係が明確ではないのです。お店の人には、最初からそのことが分かっていました。

この場合、たいていの人は「うちの商品とは関係ないでしょう」ときっぱりと因果関係を否定しよう、と考えてしまいます。そのほうが、自分が優位に立てると思うからです。その一言で簡単にクレームを乗り越えることができる、と短絡的に考えてしまうのです。

しかし、相手は百戦錬磨の悪質クレーマーです。否定されること、反論されることは最初から計算ずみであり、むしろそこからが勝負だと考えているのです。

悪質クレーマーにとっては、反論であれ同意であれ、相手がどちらかの立場を明確にして話をしてくれれば、そこからいくらでも追及の手を伸ばすことができるのです。

このお店の人のように、同意も反論もしなければ、悪質クレーマーとしてみれば肝心の嚙《か》みつくべきものがなくなってしまいます。「糠《ぬか》に釘」ということわざがありますが、悪質クレーマーが釘だとしたら、クレームをつけられている側は糠になればいいのです。

いくらきつい攻撃を仕掛けても手応えがなければ、そのうち無駄を悟って攻撃をやめるのが普通です。

悪質クレーマーの「戦意」をくじく意味で、同意も反論もしないテクニックが間違いなく有効です。

たとえば、相手の言葉を繰り返して、

「いま、腹を切れ、とおっしゃいましたよね」

「死ね、と言われるんですか？」

「その言葉は、脅しや恐喝になりかねませんよ」

「それは、いかがなものでしょうか……」

などと応対しているうちに、相手の戦意も消失してしまうでしょう。

手詰まりに追いこむ「積極的な放置」

このほかに「積極的な放置」というテクニックもあります。

ある食料品メーカーの顧客担当に、営業所の責任者がやって来て、

「悪質クレーマーに対してここまで対応しましたが、最終的にどうしても理解してもらえないんです。どうしたらいいでしょう?」

そう訴えてきました。

顧客担当は、こう答えました。

「そんなクレーマーは、放っとくことさ。そこまで対応しても分からない奴は、放っとけばいい。それ以上対応する必要なんかないよ」

この回答は、九〇%の悪質クレーマーに関しては正解と言えるでしょう。確かに放っておけば、時間が自然に解決してくれるという部分はあります。放っておくだけで、クレーマーが勝手に手を引いてくれるのです。これは言ってみれば、悪質クレーマーの判断任せの「消極的な放置」です。

ところが、残り一〇％の百戦錬磨の悪質クレーマーになると、「消極的な放置」ではとても対応できません。なぜなら、彼らはどこをどう攻めればいいのか心得ているからです。

彼らは、営業所が積極的な対応姿勢を見せないと、本社に電話をして、

「いったい、お前らの会社はどうなってるんだ！」

などと追及してきます。さらに保健所や消費者センターなどにも、クレームの電話を掛けまくります。まさに総攻撃をかけてくるのです。

こうなると、本社も大騒ぎにならざるをえません。

「お客様から本社にクレームが来ている。それだけじゃない、保健所や消費者センターからも連絡があった。ちゃんと対応しなきゃ駄目じゃないか」

これでは、一所懸命に頑張っている営業所の責任者が可哀想ですし、悪質クレーマーへの対応も腰が引けてしまいます。「消極的な放置」策では、得てしてこうした結果になりがちなのです。

そこで私がぜひお勧めしたいのが「積極的な放置」です。具体的に説明しましょう。

まずは、営業所の担当者から本社に、

「こうした問題が起こっていますが、現在、ここまで対応しています。でも、お客様にはご理解いただけていません。こうなったら、毅然として断る以外に手がありませんので、

担当は私ですから、どの部署にクレームの電話が掛かって来ても、『窓口は私、〇〇です』ということで、よろしくお願いいたします」

このようにまず社内にきっちりと根回ししておきます。さらに、保健所や消費者センターなどにも連絡を入れておきます。

「お客様から、こうしたクレームをいただいていますが、他には一件の届出も苦情も入っておりません。でも、万が一ということもありますので、あらかじめご連絡させていただきました」

このように、きっちりと打つべき手を打った上で、彼らを放置しておくという方法が、「積極的な放置」です。

こうしておけば、窓口は担当者一本に絞られ、悪質クレーマーから本社に電話が入っても、

「営業所に〇〇という担当者がいますので、そちらにお掛けください。失礼します」

と対応すればいいことになります。

もちろん、どの部署の誰が電話を受けても、同様に、

「〇〇が担当していますので、そちらにお願いします。失礼します」

と対応すればいいのです。

さらに、保健所や消費者センターに悪質クレーマーから苦情が持ち込まれたとしても、すでに状況が分かっていますから、積極的に対応することはありません。

その結果、悪質クレーマーは次第に手詰まり状態になっていきます。

そして最後には、

「話にならん、覚えとけよ！」

と精いっぱいの虚勢を張って、捨て台詞を吐くことになります。

いわば蟻地獄のような仕組みをきちんと準備した上で、悪質クレーマーを放置しておくのが「積極的な放置」のテクニックです。

頭のいい人ほどカモになりやすい

悪質クレーマーがよく使う表現に、こうした言い方があります。

「もっと頭を使えよ」

「もっと賢い方法があるやろ」

常套句のようなものですが、なぜ彼らはそうした表現をするのでしょうか。

それは、賢い人間のほうが自分たちに都合がいいと考えているからです。

では、賢い人間のどこが彼らにとっては都合がいいのでしょう？　じつは賢い人間は、悪質クレーマーがあれこれ言わなくても、勝手に先回りしていろいろなことを考えてくれるからです。

実際、器用な人、よくしゃべる人、頭のいい人ほど詐欺に引っかかりやすいという傾向があります。

「ああすれば、こうなる。こうしたら、ああなる」

と、どんどん先回りして考えて、かえって自分の逃げ道を狭くしてしまうのです。自分では適切に対応しているつもりでも、いつの間にか悪質クレーマーの狙いどおりに誘導されているのです。

そう考えると、悪質クレーマーに対しては、賢い人間が取る対応の仕方とは逆の対応をしなければならないということになります。

つまり、不器用な対応、愚直な対応です。

かつて「男は黙って」（三船敏郎）「不器用ですから」（高倉健）という宣伝コピーが、一世を風靡《ふうび》したことがありました。そのコマーシャルに出演していた男優たちのように、どっしりと構えていれば、相手のペースに引きずり込まれることもありません。悪質クレーマーも最後までつけ入る隙を見つけ出せずに、すごすごと退散せざるを得なくなります。

要するに、

「こいつは、取りつく島のない奴だな」

と、悪質クレーマーに思わせればいいのです。「沈黙」や「のらりくらり」が有効な対応法の一つになるのも、まさにそのためです。

「もっと頭を使えよ」

「もっと賢い方法があるやろ」

などと悪質クレーマーにけしかけられても、挑発に乗ってはいけません。

「いやあ、私は頭が悪いし、その上、不器用なものですから、これ以外の対応はとてもできません」

と、かわせばいいのです。

へたに挑発に乗って一所懸命に対応しようとすると、その言葉尻や文言をあげつらわれて、思わぬ落とし穴にはまりこむ結果になることがあります。

そうならないためにも、「男は黙って」「不器用ですから」を心掛けるべきなのです。

犯罪行為は決定的チャンスととらえる

「お客様は神様です」とはいえ、中には普段から何かとトラブルを起こすようなありがたくないお客様もいます。悪質クレーマーはその最たるものです。

「あんなお客さんには、店に来ていただかないほうがありがたい」と従業員一同に思われている人たちです。

そうした人が、時に暴力を振るったり、物を壊したりすることもあります。ふつうなら警察に通報し、被害届を出すところですが、それをしないケースが意外に多いのです。大した被害ではないとか、そうする手間が惜しいという理由からです。

しかし、じつはそれがいやがらせを止めさせられない原因にもなっているのです。いったんは来店しなくなったり、来店してもおとなしくしていますが、三カ月後には元の木阿弥になるのはよくあるケースです。

こうした場合は、彼らが罪を犯しているのですから、被害届をきちんと出すべきです。そうすれば、間違いなく二度と来店することはありません。

かりに被害届を出さないのであれば、相手に対してきちっと口頭で通知しておく必要があります。たとえば、

「今回のトラブルで、店長はじめ全従業員が非常に怖がっています。以後、同じようなトラブルを店内で起こすようなことがあった場合は、今回の記録とあわせて警察に届け出ます。弁護士とも協議して、法的手段に訴えます」

そう通告すること。

相手の住所・名前が分かっているなら、「内容証明郵便」で通知書を送りつけることも効果的です。ただし、その内容については万全を期すために、弁護士に相談してしっかりと吟味したほうがいいでしょう。

口で言っても分からない人間には、積極的にこうした公的文書を利用するようにしましょう。

もっとも警察が立件できるのは、悪質クレーマーが暴力的な行為に及んだ場合や、金品の要求などの恐喝をした場合に限られています。

ある食品スーパーで起こった事例を見てみましょう。悪質クレーマーが、

「お前んとこの商品を買ったら、髪の毛が入っていた。わしのとこまで謝罪に来い！」

と電話をしてきました。店長は電話で丁寧にお詫びをしましたが聞き入れてもらえず、

結局、悪質クレーマーの自宅を訪ねることになりました。そして、店長はそこで延々四時間にわたって説教されたのです。

この場合、果たして「不当拘束」や「監禁罪」として警察に訴えることができるでしょうか。

単に説教されただけですから、答えは「ノー」です。もし、店長がクレーマーに対して、

「仕事があるので、店に帰らせていただきたい」

とはっきりと意思を伝えたにもかかわらず、彼らが店長を羽交い締めにしたり、暴力を振るったという事実があれば、もちろん犯罪の構成要件となります。

したがって、悪質クレーマーの自宅を訪ねる時には、次のことを心掛ける必要があります。

①クレーマーの状況を把握する（クレーマーが酒類を飲んでいるなど通常の状態でないようであれば、日を改めて伺う旨を伝えるなどの判断が必要）

②クレームの内容は必ずメモする

③三〇分で実態を把握する（レシートの確認や買い物の日付など必要な情報をしっかり

把握する）

④実態を把握したら、その場での解決を急ぐのではなく、「業務がある」などの理由で帰る旨を伝える

警察との連携を強めるためにも、普段から「暴力追放運動推進センター」などとの交流を積極的に図っておくこと。

いざとなったら、一人で悩んでいたり、安易に妥協したりしないで、早めに相談するようにしましょう。

それが被害を最小限に食い止める最善の策であることは、いうまでもありません。

第三章
脅し文句には
こう立ち向かえ!

想定外のセリフで相手の用意したシナリオを壊す

悪質クレーマーには共通した特徴があることは、すでに述べました。

また、彼らには常套句を用いた共通のいやがらせパターンがあり、その常套句が出たら、それまでの「ＣＳモード」から「ＲＭモード」へとギアチェンジをして対応すべきだとも書きました。

彼らが使う常套句はすべて、相手を自分たちが用意した罠に誘い込むための仕掛けに他なりません。この常套句は、彼らが綿密に計算して作り上げたシナリオのきわめて重要なセリフなのです。

シナリオであるからには、自分たちのセリフに対する相手のセリフも想定されているはずです。そうでなければ、ある目標に向かって進行していくストーリーは作成できません。

だとしたら、彼らの常套句に対して返す言葉は、彼らが想定していた内容とは異なるものであるべきです。彼らがあらかじめ用意しているシナリオの流れを分断し、方向を変え、最終的にはシナリオそのものを放棄させることが、悪質なクレームを乗り越えることに他ならないからです。

そのために、彼らの常套句がどんな意図のもとに使われているのかを考え、その意図とは異なる返事をしていく必要があります。それを繰り返していけば、彼らは「おや?」と首を捻《ひね》り始め、そのうち「これは危険だぞ」と気がつくことになります。

彼らが用意周到にシナリオを作成しているのなら、対応する側もできるかぎりの用意はしておくべきでしょう。従来、クレームを受けるお店や企業などは、何の準備もないままにクレームの現場に立たされていました。そのため、戸惑いと混乱の中で悪質クレーマーの理不尽な要求をのまされてきたのです。

しかし、クレーマーがどんどん増えていく現状にあっては、もはやそんなことは許されません。コンプライアンス(法令遵守)やCSR(企業の社会的責任)の重要性が高まっている現在、危機管理の一環として、普段から対応の準備をしておくべきなのです。

では、彼らの常套句に対して、具体的にはどんな言葉で対応したらいいのでしょうか。それを次にご紹介しましょう。

脅し文句1 「どうしてくれる！」「誠意を見せろ！」

悪質クレーマーにとって、人それぞれに異なるイメージを持っている言葉、さまざまな解釈の仕方がある抽象的な言葉ほどありがたいものはありません。なぜなら、そのイメージや解釈の違いを有効に活用できるからです。

「誠意」という言葉は、まさにその典型的な言葉の一つです。いくら企業の顧客担当者自身が誠意を持って対応しているつもりでも、相手がそれとは異なる誠意の解釈をしているとすれば、素直に伝わるはずはありません。

悪質クレーマーには「こうして欲しい」という具体的な希望や要求があるのですが、それを言葉にして表現することを故意に避けています。

彼らは、自分から金額などの具体的な要求を出せば、恐喝になる可能性があることを、よく承知しています。ですから、自分から言質を与えるような行為は絶対にしません。むしろ、「こんなことを望んでいるに違いない」と相手が勝手に考えてくれることを期待しているのです。

「では、こんな対応をさせてください」

という一言を待っているのです。相手にはもっとたくさんの選択肢があったのに、担当者は自らの意思でそれを選択したのだというシナリオを描いているのです。

対応策

「申し訳ございません。お客様のお話だけでは、因果関係がはっきりしませんので、いまのところ、できることは製品を交換させていただくことだけでございます」
「私どもは社会通念上の誠意は十分に尽くしているつもりですが、お客様がおっしゃる誠意とはどんなものなのでしょうか。具体的におっしゃっていただけませんでしょうか」
「私には分かりかねますので、お客様からぜひおっしゃっていただけませんか」

悪質クレーマーは、「誠意を見せろ」とボールを投げてよこし、相手がどんな判断をして、どんなボールを投げてよこすかをじっくり見ています。ですから、ここでは何もせず、そのままボールを投げ返してやるのがいちばんです。

たとえば、

「検討させていただきます」

などとうっかり応えてしまうと、悪質クレーマーは必ずそこを突いて、

「検討するって、何をいつまでに検討するんじゃ」

と追及してきます。こうなったら、厄介《やっかい》な問題がさらに一つ増えることになります。

悪質クレーマーの意に沿う必要はどこにもありません。とにかくできることだけを的確に伝え、それを毅然として押しとおすべきです。

脅し文句2 「マスコミ、インターネットに流すぞ!」

日本のインターネット人口は八五〇〇万人を超え、世帯普及率も六〇%を上回っています。しかも、インターネットはあらゆる情報を簡単に収集できるだけではなく、自ら情報を発信することもできるのです。そして、ひとたび情報を発信すると、それはあっという間に世界中を駆けめぐります。

したがって、もしも悪口をインターネットに流されたら、すぐに商品が売れなくなったり、株価が下がったり、最悪の場合は組織を存続できなくなったりします。それだけに、企業、学校などの組織はインターネットに情報を流されることに神経質にならざるを得ないのです。

また、新聞、テレビなどのマスコミにしても一般の人からの情報を積極的に取り上げるようになっています。

つまり、「マスコミ、インターネットに流すぞ!」という常套句は、本当は「国民や消費者全体を敵に回すことになってもいいのか」という意味です。だからこそ脅威を感じないわけにはいきません。悪質クレーマーはそこを突いて要求を通そうとするわけです。

対応策

「私どもは、精一杯の対応をさせていただいておりますので、ぜひ私どもの答えをご理解いただきたいと思います。もちろん、お客様が何をなさろうと、お客様にお考えがあってのことでしょう。ただし、私どもに実害が及ぶようなことがありましたら、ただちに取るべき措置を取らせていただきます」

このように対応するのがベストでしょう。

ただし、その場合は、「私どもには一点のやましいところもありません」という揺るがぬ自信が相手に伝わるようにしなければなりません。悪質クレーマーに、「これは本当に叩いても埃が出そうにないぞ」と思わせることが肝心です。そのためにも、企業は常にコンプライアンスに力を入れ、誠実な経営を心掛けるべきなのです。

脅し文句3 「保健所、行政に言うぞ!」

「泣く子も黙る」という形容句があります。

かつてほどの力はなくなったとはいえ、行政をはじめとした各種の監督機関の権力は、企業やお店にとっては怖いものの一つです。そうした監督機関の命令には、否も応もなく従わなければならないからです。

もしも知らない間に何らかのルール違反があって、それを監督機関に通報されたら、営業停止という措置を受けてしまうかもしれません。そうした恐怖感が企業やお店には常につきまとっているはずです。

そこを巧みに突いて来るのが悪質クレーマーです。不正確な情報を監督機関に通報されたら、企業やお店が存続できなくなる可能性もあります。「それでもええんかい」と悪質クレーマーは暗に言っているのです。

「おれたちの通報ひとつで、お前んとこはどうにでもなってしまうんだぞ」

という脅しなのです。

対応策

「通報はあくまでもお客様自身の自由意思で行なうことですから、私どもがとやかく言うべき筋合いではありません」

このように毅然とした対応を取るために、その前提条件として監督機関との強い信頼関係が築かれている必要があります。信頼関係さえ築かれていれば、

「こうした人物から、こんなクレームがありましたが、他には同種のクレームは一件もありません。悪質クレーマーかもしれませんので、よろしくお願いいたします」

と連絡し、説明をしておけばいいのです。

彼らはもともと理不尽な要求をのませようとして、監督機関への通報をちらつかせています。とはいえ実際に通報したとしても、客観的事実がなければ営業停止になることはまずありません。

脅し文句4 「責任者としてのお前の力量を見せろ！」

悪質クレーマーが「責任者」にこだわるのは、責任者であれば自らの判断によってその場で裁定を下せるものと考えているからです。

彼らにとっては、その場で回答を引き出すことがいちばんの狙いですから、当然、責任者をターゲットにします。

彼らが言う「力量」とは、まさに即断即決する力であり、できれば責任者が個人の裁量で何とかすることを期待しているのです。責任者がその場だけの問題として取り扱ってくれれば、願ってもない成り行きとなるのです。

悪質クレーマーは、問題解決が長引くことは決して望んでいません。あくまでも責任者との交渉によって、スピーディにけりをつけようと考えているのです。そのほうが、自分たちにとっては安全だからです。

対応策

「確かに私は責任者ですが、会社組織の一員に過ぎません。ですから、個人的な対応はできません」
「これは大事なことですから、しかるべき者と協議した上でないと、お返事はできません」

このように頑として突っぱねること。早く解決してしまおうとして、個人的な取り引きをすると、今度はそれをネタに何度も同じような要求を繰り返されることにもなりかねません。

一度でも譲歩してしまうと、二度、三度と譲歩を重ねなければならなくなるのが常です。場合によっては恐怖を感じることもあるかもしれませんが、個人的な取り引きは一切できないことをきっぱりと告げるべきです。

中小企業などの場合は、トラブルへの対応をトップが一手に引き受けているケースが多いようですが、しかし、その場合でも、

「社長といえども、大切な問題、重要な問題ですから、私一人では判断できません。他の

者とも協議した上で返事します」

と即答は避けるべきです。

トップともなるとプライドがあるために「ポケットマネーくらいですむのなら……」と、その場で解決してしまおうと考えがちです。しかし、それは絶対にすべきではありません。あくまでも組織で対応することを第一義とすべきなのです。

脅し文句5 「右翼に知人がいるんだ」「街宣ビラまきになれば大変だぞ！」

これらは「保健所、行政に言うぞ！」という常套句と同類になりますが、ただ一つ違う点があります。保健所・行政などの監督機関の場合は、始末書や命令書などの書類の形で処分を行ないますが、右翼の場合は街宣にしてもビラまきにしても、より直接的で暴力的な色合いが強くなります。具体的な行動がイメージできるということは、その分だけ余計に恐怖を感じやすくなるということです。たとえば、

「自宅にまで街宣車で乗りつけるんじゃないか？」

「自分や家族を中傷するビラをまくんじゃないか？」

などと企業の担当者は考えてしまうのです。

それこそが、悪質クレーマーの意図するところです。直接的な暴力や執拗さなどのイメージが喚起されるからこそ、担当者は一刻も早く問題を解決して、その恐怖から逃れたくなるのです。

対応策

「街宣車ですか、それは困りますね」

「でも、お客様がそうしたいと言うのであれば、私どもは差し出がましくどうのこうのとは言えませんし……」

「本当にそんな状況になったら、組織で対応することになります。とても私一人で判断できる問題ではありませんので」


このように対応すればいいのです。もちろん、組織的な対応がきちんとできるように体制が整っていれば、こうした対応がごく自然にできるはずです。

とはいえ、嘘も方便です。ここは組織対応ができるふりをして、慌てず、騒がず、冷静に対応することを心掛けましょう。

脅し文句6「ライバル他社はこう対応したぞ！」

日本では、なぜか何事についても横並び意識が非常に強いようです。先頭に立って何かをすることには尻込みをしますが、それがうまくいくと、一斉にわれもわれもと追随します。

企業でも同じです。ある企業で新しいサービスを始めたとすると、負けてはいられないとばかりに二社、三社と後につづく企業が必ず現れます。とくに消費者に対するサービスとなると、ライバル社に遅れを取ることは業績に直接影響してくるので、横一線をキープすることは最も基本的なことです。

「ライバル社に遅れを取ってはならない」

という強迫観念が企業側にあるなら、悪質クレーマーがそこを攻撃のポイントにしないわけがありません。

横並び意識やライバル意識を刺激することによって、自分たちの都合のいい方向に導いて行くのが彼らの目的ですから、ライバル社の対応事例もほとんどが自分たちで勝手にでっち上げたものです。

対応策

「わが社では、これが通常の対応となっています。よそ様がどう対応されようと、それはよそ様が考えてなさっていることであり、わが社には何の関係もないことです。わが社は、わが社の考えに基づいて、きちんと対応させていただいているつもりでございます」

このようにあくまでも自社の方針を貫く姿勢を見せることが、最も基本的で、ベストな対応となります。ともすると、

「えっ、A社はそこまでしているのか」

と思わず気持ちが傾きがちになるものですが、そこはしっかりと踏ん張ってください。

「わが社にはわが社の方針がある」と心の中で復唱すれば、対応が間違っていないという確信が生まれてきます。

とにかく他社は他社、自社は自社という姿勢を崩さないようにすることです。

脅し文句7 「いまから新幹線で行く！」「いつまでに結論を出すんだ！」

「すぐに来い！」と悪質クレーマーは、まず初めにまるで不可能なことを要求します。

たとえば、クレーム対応のために東京から広島まで「すぐに来い」というのは無茶な要求です。そこで、クレーマーは次善策として「自分が新幹線で東京まで行く」と提案してきます。この「新幹線で行く」というところが肝心なところです。

悪質クレーマーは、じつは広島から東京までの新幹線代をせしめようとしているのです。実際は、出張で東京に来ていて、携帯電話も東京から掛けている、というようなことが多いです。

クレーマーにとっては、スピーディに事を運び、新幹線代を稼ぐことがポイントなのです。さっさと話をまとめて、頂戴するものを頂戴したら、すぐに立ち去る。まさに疾風のように現れて、疾風のように去っていきたいと考えています。

また、「いつまでに結論を出すのか」という常套句に、企業側の担当者が、

「いついつまでには結論を出せると思います」

などと言ったら、悪質クレーマーはそれを二次クレームの材料にします。つまり、確約

を引き出したら、今度はそれがきちんと実行されるかどうかを見届けて、もし実行されなかったら再度クレームをつけてきます。

対応策

「失礼ですが、いまこの場ではお客様がおっしゃることだけでは、事実確認ができませんので。そうしたわけですから、誠に申し訳ございませんが、現時点では、新幹線代をお支払いすることはできかねます」

「返事はできるだけ早くさせていただきたいと思いますが、なにぶんにも協議にどれ位の時間が掛かるのか、まったく予定が立ちませんので、いつまでにという日にちはお約束できません」

責任や因果関係が明確になる具体的な根拠がなければ、要求に応じる必要はまったくありません。いうまでもありませんが、個人的には絶対に対応しないようにしてください。

悪質クレーマーは、何でも追及のネタにしますから、どんなことであれ確約を与えてはいけません。逃げ口上に徹したほうが、はるかに有効です。

なお、悪質クレーマーの手口として、相手に時間的余裕を与えないようにするために、スーパーなら閉店間際の時間帯、また病院などの場合は忙しい時間帯を狙って電話を掛けてくることがあります。

「大切な仕事の約束があって、すぐ行かなければ飛行機の時間に間に合わないんや」と急《せ》き立てたりします。もちろん、対応する側にとっては早くすましてしまおうという心理が働くからです。そうしたことも心得ておく必要があります。

脅し文句8 「精神的苦痛で仕事が手につかない!」

クレーマーは、慎重に言葉で要求することを避けてはいますが、真の意図が補償にあることは明白です。

しかし、精神的な苦痛を補償することほど難しいことはありません。何をもって精神的苦痛とし、何を尺度にしてその大きさを測り、それに対してどのように補償するのが妥当なのか、分からないことだらけです。

じつは、そこが悪質クレーマーの狙いなのです。外傷なら目で見て確認することができ、治療することができます。しかし、精神的苦痛となると目には見えないし、医学的に治療が可能だとしても、素人には苦痛がなくなったのかどうか確認することができません。漠然としていればいるほど、悪質クレーマーにとっては都合がいいのです。相手が勝手に推測してくれるからです。だからこそ、

「そんな要求もありなのか!?」

とびっくりさせられるようなことも、彼らは平気で要求してくるのです。

ある意味で、精神的苦痛は悪質クレーマーにとって便利な「打ち出の小槌《こづち》」のようなも

のです。
もっとも、実際に彼らの願いどおりの物が出てくるとは限りませんが……。

対応策

「私どもにできますことは、いま申し上げたとおりです。お客様に不愉快な思いをさせてしまったことは、誠に申し訳なく思います。しかし現段階では、私どもの責任が明確になっていませんし、お客様が精神的苦痛を受けていらっしゃることを証明するものもありません」
「お客様が訴えるとおっしゃるなら、していただくのはご自由でございます。私どもとしても、司法の場できっちりとした判断が下されるなら、それに越したことはございません」

いくら強がっていても、「司法の場」という言葉を出せば、悪質クレーマーはとたんにトーンダウンします。本当にそうなったらまずい、勝てるはずがない、と分かっているからです。

実際に裁判所にこの問題が持ち込まれたとしても、調停まで行くのがせいぜいで、それも迷惑を掛けたお詫びとして、菓子折り程度の話ですんでしまうはずです。ですから、悪質クレーマーにとってはまったく益のない話になるのです。

彼らはよく脅し文句として、

「出るとこへ出るぞ」

と威勢良く言ったりしますが、それは虚勢に過ぎません。堂々と受けて立つ姿勢を見せることも、有効な対応法の一つです。

脅し文句9 「俺とお前の、心と心の問題だ！」

事を荒立てても得にならないことを、悪質クレーマーは十分に分かっています。

理想的な成り行きは、企業の担当者との間でシャンシャンと手打ちができることでしょう。その一点のためだけに、彼らはありったけの知恵を絞るのです。

要は、悪質クレーマー自身と企業の担当者との間でのやり取りを、二人だけの秘密にしておくこと。その究極の方法として、悪質クレーマーが提案してくるのが「心と心の問題」です。心の問題にしてしまえば、他人に覗《のぞ》かれる危険性が少なくなります。

それは、いわば共犯関係を構築することでもあります。共犯関係が成立し、しかもその共犯の事実をお互いの心に封じ込めることができれば、二人以外には、共犯の事実そのものが存在しないことになります。

少々回りくどいやり方ではありますが、巧妙な方法でもあるでしょう。居丈高に威圧する悪質クレーマーが多い中で、かなり異色であり、それだけに、

「あれっ、私が知っている悪質クレーマーとはずいぶん違うぞ」

そう感じさせる効果があるのです。それで、ついつい乗せられて、罠にはまってしまう

というわけです。

その一方、見え透いた部分もあるので、企業の担当者としてはかえって対応しやすいケースだとも言えるでしょう。

彼らが本音を隠している「仮面」を、しっかりと見極めることが大切です。

対応策

「ちょっとお待ちください。これは決してお客様と私との間の問題ではありません。あくまでもお客様と会社の問題ですから、私に何かを期待するのは、明らかにお客様の見当違いでございます。どうぞ、その点をご理解ください」


「心と心の問題」にすることは、「俺とお前の二人だけの問題」「個と個の問題」にすることと同義です。

起こっているトラブルを、二人の間だけのものとして閉じ込めてしまえば、長引かせることなく、スピーディに解決することが可能になります。じつは、それこそが悪質クレーマーの意図するところ。

ここでの対応策は、たった一つしかありません。

「心と心の問題」ではなく「お客様と会社の間の問題」であると言い切ることです。その一点張りでかまいません。個人が入り込む余地はまったくないことを、何度でも強調すること。そうすれば、悪質クレーマーも「心と心の問題」として追及して得るところは何もないことが分かるはずです。

ともあれ、常套句の中でもちょっと毛色の変わったバリエーションの一つとして頭に入れておけば、きっと役に立つに違いありません。

第四章

クレームを解決する
鉄壁の構え

組織ぐるみで対応できる安心感が現場の余裕を生む

東北地方のある都市で、講演を行なった時のことでした。食品メーカーの幹部から、こんな質問を受けました。

「電話で大阪弁で怒鳴られると、それだけで参っちゃって相手の要求を受け入れちゃうんですよね。こっちは上手に反論できないし、ちょっとでも言い訳すれば、何倍もまくしたてられるから、最初っから勝負にならない。どうしたらいいんですかね」

それに対して、私はこうアドバイスしました。

「大阪弁でまくし立てる人間を相手に、なぜわざわざ大阪弁の土俵で相撲を取ろうとするんですか。相手が誘う土俵に上がってはいけません。あなたは、あなたのペースを守り、東北弁でふだんどおりに話せばいいんです。下手に相手のペースに合わせようとするから、落とし穴に落ちてしまうんですよ」

相手のペースに乗せられてしまえば、相手の屁理屈も立派な理屈になってしまい、誤った選択をさせられてしまいます。

「なにを言われでも、でげねえもんは、でげねえべ」

と、お国訛《なま》りで、はっきり言ってやればいいのです。

悪質クレーマーに対応する上で最も大事なことは、すでに何度も述べたとおり、相手のペースに乗らずに、マイペースで対応することです。

では、マイペースを保つためには、何が必要でしょうか。

気持ちに余裕が持て、安心して応対できる状況であれば、誰でもマイペースでいられるはずです。

企業が従業員に安心感を与えるためには、従業員それぞれが孤立しているのではなく、全員ががっちりとスクラムを組み、常にバックが控えていて見守ってくれている、という意識を持てるようにすること。全従業員の「危機管理意識」を高め、いつでも全社対応ができる体制を確立することです。

それがないと、「誰も守っちゃくれないから、自分で自分を守らなきゃ」という意識が先立ってしまいます。企業全体との一体感があれば、何をおいても自己保身に走るようなことはしなくても済むはずです。

悪質クレーマーに負けない人材を育てるためには、まずは全社対応ができる体制を整え、企業との一体感を誰もが実感できるようにすること。それさえできていれば、あとは日常の業務の中で、さまざまなクレームに対応することによって、実践的なテクニックやノウハウを身につけることができます。もちろん全社を挙げての訓練や、部署ごとの訓練などを実施することも大切です。

いずれにしても、企業が危機管理意識を持って自らを変革していけば、従業員も自然に悪質なクレームを乗り越えられるだけの強さを身につけていけるはずです。

段階を踏んで対応することが大事

延々と続く悪質なクレームや不当な要求に対しては、「業務中ですから、あまりにも長い時間の電話は他のお客様のご迷惑になります」→「業務の支障になります」→「業務妨害ですから、警察に通報します」→「警察に通報しました」→「言った言わないの問題になるといけませんので、通話を録音します」という段階を踏んでいけば、確実に「乗り越える」ことができます。

私は、名刺サイズのカードにこのプロセスを書いておき、デスクの上に置いたり持ち歩いたりすることをお勧めしています。そうすれば、いざという時に慌てずにすみます。

このプロセスは、電話によるクレームだけではなく、対面してのやり取りでも基本的には変わりありません。大事なのはきっちりと段階を踏んで断るということです。

かなり酒に酔った客が、お店に買い物に来たとしましょう。酔った勢いで大きな声をあげて従業員にあれこれとクレームをつけ、他のお客様は怖がっています。

こうした場合に、売場の責任者がいきなり、

「警察に通報しますよ！」

などと言うと、かえって相手のテンションを上げてしまう結果になります。

「お前んとこに買い物に来てるんやから、わしも客や。それをなんや、いきなり警察を呼ぶとはどういうこっちゃ」

となるわけです。

この場合でも、やはり段階を踏んでいけば、相手につけいる隙を与えないですみます。

「お客さん、大きな声で暴れるのはやめてください」

「暴れてなんかいないない、わしも客や！」

「大きい声で怒鳴られると、他のお客さんが怖がります。ですから、おやめください」

それでも、迷惑行為を一向にやめようとしなかったら、次の段階に進みます。

「他のお客さんの迷惑になりますのでおやめください、と先ほどお願いしてからもう五分が経ちました。どうぞおやめください」

これを五分おきに繰り返します。

「最初にお願いしてからもう一五分経っています。見てください、他のお客さんはみなさん帰ってしまいました。完全に業務の支障になっています。これ以上大声で騒がれるのでしたら、申し訳ありませんが、警察に通報させていただきます」

悪質クレームを「乗り越える」手順

「業務中ですから、あまりにも長い時間の電話は
他のお客様のご迷惑になります」
▼
「業務の支障になります」
▼
「業務妨害ですから、警察に通報します」
▼
「警察に通報しました」
▼
「言った言わないの問題になるといけませんので、
通話を録音します」

この表をコピーして切り取り、目につくところに置いておくことをお勧めします。

こうした段階を踏んで、警察を呼べばいいのです。もちろん、それまでの状況を録音したり、カメラで撮影したりしておくことも忘れてはいけません。それがないと、せっかく警察が来ても、

「わしは大声で騒いだつもりはない。クレームを言っとっただけや」

と主張されると、対応できなくなってしまうのです。

そうした事態にならないようにするために、きちんと段階を踏んで対応し、証拠となる音声や映像も記録して残すようにすべきなのです。

対応ガイドラインは強力な武器になる

「誠心誠意のスピーディなお詫び」から始まるクレーム対応は、さらに「的確な状況の把握」、「組織での対応」という具合に、三段方式で進めるべきです。全員がそれをきちんと実践できるようにするために、「クレーム対応のガイドライン」としてＡ４サイズの用紙にでもまとめ、店内のボードに掛けたり、店長の机のそばに貼っておいたりすることを私は奨励しています。

多くの企業では「ご意見・クレーム対応マニュアル」を用意していますが、ほとんどが何十ページにもおよぶ分厚いものになっています。これでは対応も一分一秒を争うクレーム発生現場ではとても役立ちません。このガイドラインを頭に入れておけば、慌てず、冷静に、かつ迅速に対応ができるはずです。

クレーム対応のガイドライン

基本方針

クレームを金銭で解決しない。根拠のない金は支払わない。

行動指針

スピーディなお詫び

クレームは初期対応が最も重要。スピーディなお詫びこそが誠意の証となる。

確実な実態把握

冷静で客観的な実態把握に努める。ただし、一度で答えを出さなくてもよい。過失責任、因果関係がはっきりしないケースでは、即答を避け、「上司・会社に報告し、その指示を受けて責任を持って対応します」と伝える。

組織的対応で解決

組織的な対応を図る体制を作っておけば、威嚇《いかく》的な言動を受けても現場の負担が過大にならず、解決に向かうことができる。

しっかりした管理体制はトラブルを寄せつけない

「悪質クレーマーには複数対応が原則」と私は何度も述べてきました。ところが、実際には「複数対応です」と声を掛けても、それに応じてくれるスタッフがいない、と嘆いている管理者が多いのです。

よくよく話を聞いてみると、「複数対応が原則」と口では言っていても、それを実践するための組織や、仕組み作りがなされていないケースがほとんどです。

複数対応をするための組織や仕組みができていなければ、いくら声を掛けても、多くの人は知らない振りをしたくなるのは当然でしょう。なぜなら、面倒に巻き込まれるのは誰でもいやですし、できることなら避けたいからです。

では、どんな仕組み作りが必要なのでしょうか。

たとえばスーパーの場合で考えてみましょう。現場でトラブルが発生したら、すぐに的確な情報が店長に伝わり、店長がある程度の準備をして現場に駆けつけられるようにしておかなければなりません。

また、店長が声を掛けたらすぐに必要な従業員が集まるように、きちんとルールを作っておくことも大事です。

具体的な対応は店長が前面に立つとして、その他に「監視役」は誰がするか、「録音」は誰がするか。また、店長が胸倉をつかまれたり、物を壊されたりした時に、誰が警察に「連絡」するか、分担を決めておくのです。さらに、悪質クレーマーを刺激しないよう、「緊急事態発生の通報」や「従業員の招集」を何らかのサインや符牒《ふちょう》で行なうことも大事です。

その上で、できるかぎり「訓練」を重ねること。ただ頭で理解しているだけでは、いざという時に思いどおりの行動ができないものです。訓練をとおして体に覚えさせておけば、自然な形で体が動いてくれるようになるものです。

ともすると、実地訓練は忘れられがちになりますが、ふだんから疎《おろそ》かにせず、こまめに実施することが重要です。

そうした体制や仕組みが整えられ、訓練も実施されていれば、従業員にも責任感が生まれ、動作もきびきびとし、お店の中は自ずと雰囲気が違ってくるはずです。そうなれば、悪質クレーマーは特別に嗅覚が働くので、

「おっ、この店は違うぞ」

と直感的に感じ取ります。つまりは抑止力にもなるわけです。

お店側にとっては、悪質クレーマーの対策は常に不特定多数を相手にしなければなりません。それに対して悪質クレーマーは、「次はここだ」と狙いを定めたところだけ考えればいい。この段階で、お店側はすでに大きなハンディを背負わされています。

しかし、管理体制がしっかりできていれば抑止効果が表れ、そのハンディもかなり軽減されることになるはずです。

電話の取次ぎルールも立派な護身術

電話による対応にもやはりルールを作っておくべきです。

ある建設会社の事例で、こんな電話が掛かってきました。

「いつもお世話になっています、大阪の山本といいますけど、前田社長はおいでになりますか?」

と、男性が丁寧な話し方で訊ねてきたのです。

「前田ですか、ちょっとお待ちください」

電話を受けた女性従業員が応え、社長が電話を代わりました。そのとたん、

「社長さんでっか? いま、靖国神社の問題が……」

いきなりそんな話に巻き込まれてしまったのです。

取引先からの電話だとばかり思っていた社長にとっては、思いもかけない相手と話の内容でした。不意をつかれて社長はパニック状態になり、たちまち相手のペースに乗せられてしまい、最終的に右翼系の機関誌を購入させられる羽目になったのです。

こうした事態を招いたのは、電話による応対の基本的なルールができていなかったからです。

電話を受けたら、まず相手を確認するのが原則です。

「申し訳ございませんが、どちらの山本様でいらっしゃいますでしょうか」

と確認すること。このケースでは、相手はもともと機関誌を購入させることを目的にしているわけですから、素直に会社名や本名を名乗るわけがありません。

「そんなことはいいから、早く社長に代わってくれ」

と催促してくるはずです。

そう言われて、すぐに社長に代わったのでは、同じ結果になってしまいます。電話に出る前に、相手の情報を知り、少しでも気持ちを落ち着かせることができれば、パニックに陥ることはないはずです。

そのためには、まず最初の段階で社長に不審な電話が掛かってきたことを知らせる必要があります。そこで大きな役割を果たすのがルールです。

たとえば、かりに不審者からの電話を「一〇番」と暗号化しておいて、取次ぎをする時に、

「社長、一〇番に電話が入ってます」

と伝えれば、社長には「あ、これはややこしい電話だな」と分かるようにしておくのです。そうすれば、そこで深呼吸を一つして気持ちを落ち着かせることもできるでしょう。これだけのことでも、相手のペースに巻き込まれることなく、冷静に対応できるようになります。

これも立派な危機管理の方策の一つであり、護身術でもあります。ささやかなことと思われるかもしれませんが、ルールを作っている場合とそうでない場合では、まったく違った対応になってしまいます。

こうした小さなルールをきっちりと積み上げていって、はじめて効果的な危機管理ができるのです。

対応の窓口は一つに絞る

伝言ゲームという遊びがあります。ある言葉を何人かの人が次々に伝言していって、最後の人にどれくらい正確に内容が伝わったかを競うゲームです。

伝言する人間が多ければ多いほど、内容は段々に歪《ゆが》められた形になっていきます。ゲームとしては、どれだけ違った内容になるかが面白いのです。

しかし、もしもその伝えるべき内容が悪質なクレームだとしたらどうでしょう。対応すべき窓口が一本化されていなければ、「私の担当ではない」ということになり、そのクレームはいろいろな人に伝言され、たらい回しにされることになります。当然、その間にニュアンスや内容は少しずつ変わってしまいます。

たらい回しにした挙句、クレームの内容も変質したら、クレームを増幅させるネタをわざわざ提供するようなもの。ますますゴネ得の条件を増やすことになってしまいます。

組織的に対応するということは、一糸乱れぬ連携を取ることによって、そうした齟齬《そご》をきたさないようにすることです。そのためには、

「この問題については○○が担当する」

というように、担当者を明確化しておく必要があります。そして、担当者以外は絶対に対応しないようにすることが、大事なポイントです。

あるスーパーに、悪質クレーマーから電話が入ったとしましょう。話の内容からすると、副店長が窓口として対応すべきところですが、あいにく休暇を取っています。では、どう対応したらいいでしょうか。

「申し訳ございません、あいにく担当の者が休暇を取っておりますので、明日以降に改めてお電話いただけませんでしょうか」

「わしは、忙しいんや。何としても、今日中に話をつけなきゃならん。担当者の電話番号を教えろ、わしが直接かけるから」

「それはできません。業務とプライベートはまったく別でございますから」

このようにきっぱりと断ること。これは決して不親切な対応ではありません。せっかく窓口を一本化しているのですから、あくまでも突っぱねないと意味がないのです。他の人が代わりに対応したら、回答内容が統一されていたものとは違ったり、誤った判断を下してしまうことにもなりかねません。

ただし、悪質クレーマーのことですから、簡単には引き下がらず、次は違う部署に電話してくるかもしれません。しかし、窓口の一本化が全社的に浸透していれば、何の問題もありません。

「この件に関しては○○が担当しておりますが、あいにく今日は休んでおります。明日、出社早々に連絡させますので、連絡先をお教えいただけませんでしょうか」

このように対応すればいいでしょう。さらに、悪質クレーマーが窓口となっている担当者の対応を承服せず、別の従業員に返事を迫ったとしても、このように応えればいいのです。

「○○の対応がわが社の対応であって、それ以下でも、それ以上でもありません。○○の言うとおりですから、ご理解をお願いいたします」

こうすれば、さすがの悪質クレーマーも文句の持って行き場がなくなってしまいます。

組織対応を実効性のあるものにするためには、窓口の一本化が絶対に不可欠です。それによって、全社的な意思の統一を実現させ、悪質クレーマーにも「危機管理意識が行き届いている企業だな」という印象を与えることができます。

クレーム対応に一〇〇点満点はない

相手の追及に屈しないで、要求を跳ね返すこと。これこそが悪質なクレームを乗り越えることの真の意味です。

しかし、どうか一〇〇点満点を目指そうとはしないでください。かくいう私自身でも、自分で一〇〇点満点の対応だったと評価できるようなケースは、ほとんどありません。

いつだって、

「あそこは、こうすべきだった」

と反省ばかりしているのが本当のところです。

しかし、たとえ二〇点でも、三〇点でもいいのです。しどろもどろになりながら、あるいは及び腰になりながらでも、何とか乗り越えることができれば「それで良し」とすべきでしょう。

そして、無事にトラブルを乗り越えることができたら、管理責任者は、それに関わった人たちを褒めてあげることを忘れてはいけません。

「みんな、よく頑張ってくれたね。みんなが一致協力して対応してくれたから、乗り越えられたんです。本当にありがとう。これからも、みんなで協力していきましょう」

人間は誰でも、褒められれば嬉しくなるもの。一度褒められれば、それが貴重な成功体験となり、自信が生まれると同時に、その喜びをまた得ようと努力します。そうすることが、ノウハウの蓄積やテクニックのブラッシュアップにもつながっていくのです。

いくら組織対応とはいっても、何でもかんでもすぐに本社や本部に丸投げしていたのでは、いつまで経っても「現場力」はついてきません。ある程度までは現場の人間でチームを組んで対応し、それで無事に乗り越えることができたら、管理責任者は全員に素直に感謝し、褒めてあげるべきです。

悪質なクレームを乗り越えるには、そうした地道な努力の積み重ねも必要であることを、ぜひ心に深く刻みつけていただきたいと思います。

第五章

びっくり仰天！
クレーマー最新事情

賞味期限の表示に激怒したお客様

「おタクの○○を買ったんだけど、これどうなってるのよ!?」

それは一本の電話から始まりました。ある食品メーカーの「お客様相談室」に、女性から問い合わせの電話がかかってきたのです。

声の感じではまだ若い女性のようですが、最初からかなりテンションが上がっています。

「お買い上げいただき、誠にありがとうございます。それで、何か……」

担当者がそう言いかけると、相手の女性が怒りを含んだ声を上げました。

「賞味期限の表示に問題があるんじゃない!」

この段階では担当者には、まったく事情が分かっていません。そこで、

「お客様にご不審を抱かせてしまった点につきましては、メーカーとして誠に申し訳なく思います」

と、女性の怒りを和らげてから、

「もう少し詳しくお話をお聞かせいただけませんでしょうか。お手数ですが、お手元の商

品の賞味期限は、いつまでとなっておりますでしょうか？」

と確かめると、

「期限までは、まだ半年もあるのよ。だから、おかしいんじゃないって言ってるのよ！」

「とおっしゃいますと……？」

「味が変なのよ！」

「それは、お客様が開封なさった時から、もう変だったということでございますか？」

「いえ、開けた時は何でもなかったの」

ここで、担当者にふと疑問が湧《わ》いてきました。

「失礼ですけど、開封なさって、どれくらいになりますでしょうか？」

「二カ月くらいだと思うわ。でも、ちゃんと冷蔵庫に入れておいたわよ」

それを聞いて、理由が判明しました。

「そうですか。お客様、誠に申し上げにくいんですが、どうやらお客様には、賞味期限についての誤解がおありのようでございます」

「誤解？ 誤解って、どういうこと？」

「賞味期限というのは、封を切らないでいれば、このくらいの期間はおいしく召し上がれますという目安なんです」

「えっ、賞味期限内なら、封を開けておいても大丈夫じゃないの？」

「失礼ですが、お客様はそこを勘違いなさっているようです。いったん、封を切ってしまったら、味は悪くなりますし、いくら冷蔵庫に入れておいても、長い間そのままにしていますと品質が劣化します」

「えっ、ほんと！　食べ物って賞味期限内でも腐るの⁉」

女性は本気でそう思っているようです。

まさに、現代を象徴するようなクレームといえるのではないでしょうか。

核家族化が無知に拍車をかけている

まさかと思われるかもしれませんが、これは実際にあったクレームです。

このクレーマーには悪意はなかったようですが、こうした無知ゆえの驚くべきクレームは決して例外的なものではなく、結構多くなってきているのが現状なのです。

かつて二世代、三世代の同居がふつうであった時代には、母親や祖母たちは、自分の鼻で匂いを嗅《か》ぐことによって、食べても安全かどうかを自ら判断したものでした。

たとえば、多少ぬめりが出てきている肉や魚にしても、

「これ大丈夫かしら?」

と、匂いを嗅いで問題がなければ、加熱することによって安全においしく食べられることを知っていたのです。

ところがいまは、核家族化が進んだために、若い主婦たちはそうしたことを学ぶ機会がほとんどありません。匂いを嗅いで、まだ食べられるかどうかを判断するすべを知らないのです。

現代においては、賞味期限の日付だけを頼りに食べ物を管理する人が増えてきているというのが実情です。現に週に一回、冷蔵庫にある食品の賞味期限をチェックして、もったいない話ですが、期限が過ぎているものをすべて廃棄する主婦が多くなっているとか。これでは、食べ物がどんな経過をたどって腐っていくかということを体験的に知る機会がないのも当然ではないでしょうか。

情報化が進展し、あらゆる情報が洪水のように氾濫《はんらん》していますが、世代を超えて受け継いでいくべき「生活の知恵」「生きる力」がないのです。少子化ゆえに過保護で苦労知らず、トラブルを回避しながら育ってきて、生活力が弱まっています。その意味では、核家族化を背景としたこうしたクレームは、新しい時代のクレームと言ってもいいでしょう。

もちろん、笑ってやり過ごすわけにはいきません。

確かに悪意のないクレームであったとしても、こちらの対応の仕方によっては、相手が感情的になってしまうことも可能性としては十分にあるからです。

そんな事態を引き起こさないためにも、クレームの新しい傾向の一つとして、しっかりと認識しておく必要があります。

心の準備さえできていれば、間違った対応をしなくてすむのです。

試食を独り占めする子供

クレームの質や内容は、時代とともに変化しています。

しかし、その一方で依然として変わらないものもあります。それは、悪意を含んだ、つまり悪質クレームは必ずあるということです。まさに、悪の種は尽きることがありません。

そんなクレームの一つを紹介しましょう。

デパートやスーパーなどの食品売場に行くと、食品メーカーが拡販のためのキャンペーンの一環として、お客様に食品の試食をしてもらっている光景をよく見かけます。メーカーとしては、できるだけ多くの人に試食してもらうのが目的ですから、試食を担当するマネキンさんも、

「みなさんに平等に食べていただけるようにしてください」

と指導されているはずです。試食に群がったお客様にしても、

「申し訳ございませんが、お一人様につきお一つずつでお願いいたします」

そう言われれば、たいていは素直に従うものです。ところがある試食コーナーに一人の男の子がいて、マネキンさんの言葉を完全に無視してパクパクと食べつづけています。

マネキンさんは、堪りかねて声を掛けました。

「みんなに食べていただくんだから、もうお仕舞いですよ」

すると、男の子は大声を上げて泣きながら、走り去っていったのです。マネキンさんは、その後姿を見送って、泣き声が気になりながらも、内心ほっとしていました。

ところが、それも束の間でした。男の子が戻って来たのです。父親らしい、いかつい感じの男性が一緒でした。男性が子供に向かって、

「どいつや?」

と訊くと、子供は黙ってマネキンさんを指差しました。

「お前か、うちの子供を泣かせてくれたんは。お前は一体、何様のつもりなんじゃ。子供を泣かせるのが、お前の仕事か!」

周りのことなど無視するかのように、怒鳴り声を上げたのです。

マネキンさんは、恐怖で平常心を失いかけましたが、正義感の強い人だったので、勇気を奮ってこう言い返しました。

「みなさんに試食していただくのが、私の仕事です。ですから、申し訳ありませんが、試

食していただくのはお一人に一つずつにしていただいています。ところが、こちらの坊ちゃんは……」

「一〇個も、二〇個も食ったわけじゃねえだろう！　たかが二つか三つ食っただけで、泥棒猫みたいに追っ払うのか！」

男性はますます興奮し、荒っぽくなっていきました。遠巻きにしていたお客様たちは、一人二人とその場を離れ始めました。

こうなったら、もうマネキンさんの負けです。

いくら正論を主張したとしても、男性には通用しません。もともと聞く耳を持たないし、クレームをつけるのがそもそもの目的だからです。その日以来、クレーマー親子は度々店を訪れては、試食を好きなだけ食べていくようになってしまいました。

これが、悪質クレーマーの手口なのです。

私がこの件で相談を受けた際のキーポイントは、試食を食いつくすクレーマーの言いがかりに、これを排除するか、もしくはマネキンによる試食を中止するのか、という点でした。

私は店の経営者ではないので、営業上の判断は会社で決めていただく必要があります、と前置きした上で、

「こうしたヤケッパチ型の、失うものなど何もないクレーマーを、真正面から相手にするのはいかがなものでしょう」

と注意を促しました。

現状ではこのクレーマーに対峙《たいじ》することで、アクシデントが発生するリスクが高いと説明し、

「即判断するのをやめて、しばらくマネキン試食を休止して様子を見たほうがいいのではないですか?」

とアドバイスしました。

案の定、休止して二~三日するとクレーマーは姿を見せなくなり、半月後には無事に試食を再開して、事なきを得ています。

トラブルメーカーやクレーマー相手に、常に自らの正当性を主張し、強行突破を図ると、どうしてもリスクが高くなります。そのあたりのリスクをしっかり見極めたうえで、是々非々の対応も必要となってくるのです。

ストーカー男と母親の歪んだ要求

「世の中、変わったなあ」とつくづく感じさせられることがあります。

その一つに、「親子の絆《きずな》」や「家庭の絆」の変化があります。親はいつまでも子離れができず、子供は親に甘えていつまでも自立しない、というような親子関係が数多く見受けられるのです。

相互依存が強すぎる親子、中でも母親と息子の場合は、何かと問題をはらんでいることが多いようです。そんな歪んだ親子の絆を実感させるような、一般常識の範疇《はんちゅう》からはみ出したクレームもあります。

あるスーパーでのことです。

家庭用品売場を担当しているAさんは、二週間ほど前から、二〇代半ばくらいに見える男性につきまとわれるようになっていました。ある商品の陳列場所を訊ねられて、Aさんが男性を陳列棚まで案内してあげたのがきっかけでした。

Aさんにしてみれば、ごく当たり前の接客をしただけのことであって、特別に親切にしたわけでもなかったのです。

ところが、その男性はそれ以降、しょっちゅうその売場にやってきては、Aさんにつきまとうようになったのです。時には商品を買っていくこともあるので、Aさんとしてはストーカーとしてはねつけることもできず、困りきっていました。そこで、Aさんは店長に相談し、店長から注意してもらうことにしたのです。

「お客様、申し訳ありませんが、うちの従業員につきまとうのはやめていただけませんでしょうか。仕事に支障をきたしますので……」

店長がそう言うと、男性は困惑したような表情をしました。しかし、すぐにこう言ったのです。

「あの人はいい人ですから、話をしたいんです」

「そうおっしゃられても、彼女は仕事中なのですから、つきまとわれては困るんです。これ以上、こんなことを続けられたら、私どもとしても、しかるべき対応をしなければなりません」

男性は不満のようでしたが、その日はおとなしく帰って行きました。

ところが、翌日になってその男性の母親がやって来たのです。店長としては当然、母親がお詫びにきたものだとばかり思っていました。しかし、そうではなかったのです。

母親は、いかにできのいい息子であるかを一方的に自慢するだけでした。母親の語るところによると、男性は、ある有名大学の大学院生とのことでした。

店長は、その事実にも驚かされました。大学院生ともあろう者が、よくもこんな常識はずれのことを、しかも何の悪びれた様子もなくできるものだ、と内心では怒りさえ覚えていたのです。

「息子が『好きだ』って言ってるのに、どうして彼女は受け入れないの」

母親は、ごく真面目な顔でそう言うのでした。まさに「この親ありてこの子あり」でした。店長は呆《あき》れて、怒る気持ちも急速に萎《な》えていくのを感じました。

「彼女にだって好き嫌いはありますし、だいいち、彼女は結婚しているんですよ」

店長は呆れ顔でそう言いました。

すると、母親はすぐにこう言い募ったのです。

「結婚してても、この先どうなるか分からないじゃないの!」

店長は、絶句してしばらく声が出なかったそうです。

これまでにも理不尽なクレームをつけられたことは何度かありましたが、ここまで理不尽なのは記憶にありませんでした。

まったく信じられないような話ですが、そんなクレームをつけてくる母親が実際にいるのです。我が子かわいさ、自己中心主義もここにきわまったという感じです。

しかも困ったことに、自分のこと、自分の子供のことしか頭にないような親は、周囲にどんどん増えているのです。

特別な思い入れが強いぶん、思いどおりにならないと、考えられないような猟奇的な事件に発展するケースもあります。最近多くなった「親殺し」「子供の虐待」「ストーカー殺人」などといった事件の裏に、歪んだ「絆」意識があるような気がしてなりません。

こうしたクレームも、時代を反映した新しいタイプのクレームと言えるでしょう。

学校に行かないのは先生のせい?

いままで考えられなかったような、とんでもないクレームは、学校にも数多く寄せられるようになっています。

たとえば、「義務教育」というものを曲解して、一方的に自分の権利だけを主張する親が増えてきているのです。

学校にはきちんと子供を教育する義務があり、子供には学校で教育を受ける権利がある、というふうに義務教育をとらえている親が多くなっています。学校の先生を自分たちの「使い走り」のように思ったり、給食費を払わない親が増えているのも、その表れです。

そんな親たちからの、学校に対するクレームに、こんな例があります。

大人でも、気分や体調によっては、仕事をしたくないと思う時があるでしょう。子供でも同じで、いろんな理由で学校へ行きたくないと思うこともあります。ところが、それをすべて学校のせいにする親がいるのです。

そうした親が、学校にクレームをつけてきます。ある母親は、

「うちの子が、『学校に行きたくない』って言っている。学校に何か問題があるんじゃないの?」

なぜか自分たち親の責任は棚上げにして、まずは学校側を責めるのです。

「教職員一同、一所懸命に取り組んではいますが、至らぬところはまだあるかもしれません。ですが……」

そう説明をしようとする教師の言葉をさえぎって、

「学校には問題がないっていうの? 現に、うちの子は学校に行きたくないと言ってる。そもそも、あなたたちには子供を教育する義務があるでしょう。その教育を子供が受けたくないと言うのは、学校に問題があるからでしょう?」

こうなると、教師の言葉など耳には入りません。

「学校に子供を預けてる親にとっても大問題ですよ。一刻も早く調査して、結果を文書で報告してください。そうでないと、安心して子供を預けられません!」

学校側にしてみれば、何の具体的根拠もない、とんでもない言い掛かりです。しかし、そんなことを口にしたら、火に油を注ぐ結果になってしまいます。

そこで、できるだけ感情を逆なでしないように、気をつけて対応するしかありません。それだけに、厄介なクレームでもあるわけです。

いまでは、学校の先生たちの業務の三分の一は、父母からの申し出への対応になっているそうです。確かに、学校や子供に対する思い入れや期待が大きい分だけ、思い通りにならないとストレスがたまり、それがクレームという行為に容易に結びつきやすいのは事実でしょう。それにしても、先生の本来の業務ではない、父母への対応が三割を占めているというのは異常です。

先生だけではなく、役所をはじめとした公の機関で働いている職員、いわゆる公務員を自分の「使い走り」のように思っている人も増えてきています。救急車を平気でタクシー代わりに使う人もいます。

ほかにも、パチンコをしていて財布がないことに気がつき、ホール内を探したけれど見つからない。自分の不注意にもかかわらず、誰かが拾ったか盗んだに違いないと思い込み、警察を呼んで調べてくれと要求した人が実際にいるのです。

そうした時代ですから、似たようなクレームはもっといろんなところで増えていくものと思われます。

治安の問題も環境問題もすべて「人のせいだ」「政治家のせいだ」「先生のせいだ」「役所のせいだ」……日本全国で、こうした「せいだ病」が蔓延しているのです。

次第に対応が負担になる「ご意見」メール

インターネットや携帯電話が普及したことによって、最近はメールによるクレームも増えてきています。

電話によるクレームの場合は、あくまでもリアルタイムの対応になるので、ある程度は相手を確認することができます。ところが電子メールによるクレームとなると、きわめて匿名性が高いために、内容や表現がどうしてもきつくなりがちです。

しかも、クレームを受けるほうとしては、インターネットがどれくらい大きな影響力を持ち得るかを知っているだけに、軽々に扱うことができません。かりに悪い評判でも立てられたら、それを打ち消すのは大変なことなのです。

悪意を持ったクレーマーになると、そこにつけ込むわけです。もともとは悪意がなくても、一つの文章をきっかけにして感情的になってしまうこともあります。

ある観光旅館であった実際の例を紹介しましょう。

旅館の経営者である女将《おかみ》さんにとっては、利用客にリピーターになってもらうことが大きな課題です。そこで、メールで利用客から意見をもらうことにしました。利用客からの忌憚《きたん》のない意見を、ぜひともサービスの向上に活かしていこうと考えたわけです。

ある日、数日前に宿泊したEさんからメールが届きました。そこには楽しい観光ができたことに対する感謝の言葉に加えて、従業員の接客態度についての苦情が書き込まれていました。

女将さんはさっそく、お礼の言葉を返信しました。

「貴重なご意見をありがとうございました。従業員一同、最高のおもてなしでお客様に喜んでいただけるよう、努力を重ねているつもりではございますが、ご指摘のようにまだ至らぬ点が多々ございます。さっそく、お客様のご意見に従って改善させていただきます。またのご利用を、心よりお願い申し上げます」

Eさんは、そんな返信メールを読み、女将さんが喜んでくれたこと、自分の苦情が改善のきっかけになったことに満足を覚えたと返信してくれました。

ここで終われば、何の問題もありませんでした。ところが、Eさんは自分の意見が取り入れられたことが嬉しかったらしく、また新たな意見を書いて送信してきました。そうすると、そのメールに対して女将さんも返信しないわけにはいきません。

しかし、それが段々にエスカレートしていき、毎日のようにメールが届くようになったのです。女将さんにとっては、返信メールを作成するのが次第に負担になってきました。とはいっても、大切なお客様だと思うと、メールでのやり取りを一方的にやめてしまうわけにもいきません。

それに、もし感情を害したら、ネットに悪口を書かれ、利用客が減ってしまうのではないか、という恐怖感もありました。

とはいえ、女将さんの努力にも間もなく限界が来ました。そこで悩みぬいた末、こんなメールを書くことにしたのです。

「いつもご意見をいただき誠にありがたく存じます。しかし、メールの数があまりにも多くなり、何とかご返事を差し上げる努力をして参ったものの、誠に申し訳ございませんが対応できなくなってしまいました。つきましては、誠に勝手ではございますが、メールのやり取りはこれまでということにしていただきたく、お願い申し上げます」

女将さんは不安を抱きながらも、メールを送信しました。すると、すぐにEさんからメールが届きました。

「冗談じゃない！　私はこれまで、少しでもいい旅館になって欲しいと思って、いろいろアドバイスしてきたんじゃないか。それなのに、メールの送受信を打ち切るだって？　いったい何を考えてるんだ！」

それまでのメールとは、あきらかに様子が違っています。そして、さらには、

「私は客であり、パートナーとさえ思ってきたが、あまりにも馬鹿にしている。もうあんたの旅館になんて泊まりたくない！　絶対に糾弾してやる！」

というメールまで届いたのです。

女将さんは、そんなメールを受け取って怖くなり、しばらく震えが止まらなかったそうです。幸いにも、その後、脅されるようなことはなかったようですが、メールのやり取りにはこうした事態になる危険性があります。

その点は、肝に銘じて認識しておく必要があるでしょう。

こうしたケースでは、営業面を考慮して、できるだけ早めに判断し、どこかでお断りをしなければなりません。ただし、その「断り方」が問題です。細心の注意と気配りをしながら、相手の感情を逆なでしないような方法を実行すべきなのです。

個人情報に誰もがナーバスになっている

日常生活にかかわるような法律の改正や、新しい法律の制定・施行を契機にクレームが増えることもあります。

その最も端的な例が、「個人情報保護法」の施行に伴った個人情報の漏洩《ろうえい》に関するクレームです。最近は数が減ってきたものの、企業が個人情報を漏らしてしまったというニュースや、それを謝罪する広告が新聞紙面をにぎわしています。テレビでも同様です。

いまでは個人情報が大切なものであり、いったん漏れたら犯罪にも利用されかねないということを誰もが承知しています。それだけ個人情報の漏洩には、みんながナーバスになっているわけです。

そして、ナーバスになればなるだけ、そこにクレームが発生する可能性もまた大きくなります。

デパートのサービスコーナーで、担当の従業員が、商品をお届けするための所定の伝票にお客様の住所や電話番号などを記入していました。

手続きが終わり、お客様が帰った時に、電話がかかってきました。

ほかに電話に出てくれる人がいなかったため、担当者は配達伝票をカウンターに置いたまま、そこを離れてしまったのです。とはいえ、わずか二メートル前後しか離れていませんし、次のお客様が待っていることも分かっていました。

電話が済んで、急いでカウンターに戻り、次のお客様に向かって、

「すみません、お待たせいたしました」

と丁寧に頭を下げ、前のお客様の伝票を片づけようとしました。するとお客様が、

「ちょっと待て!」

と、担当者の手を止めたのです。

「これは、大事な個人情報じゃないか。住所も、電話番号も書かれてるんだから」

「はい……」

「個人情報だと分かってるのに、どうしてこんな所に置きっ放しにするんだ。もし他の人の手に渡ったら、どうするんだ!」

むろん、非は担当者にあります。たとえどんなに忙しくても、個人情報が書き込まれた伝票を置きっ放しにすることは、絶対にしてはならない行動です。このケースでは悪意を持ったお客様ではなかったので、なんとかその場は収まりました。

しかし、かりに悪意を持ったお客様だったら、これだけでは済まなかったでしょう。さまざまなクレームが怒濤《どとう》のように押し寄せることは目に見えています。

こうしたケースは、デパートだけでなく、病院でもよくあることです。

患者さんのカルテは個人情報の最たるものですから、管理に手抜かりでもあって、他人の目に触れたりすると、とくに厄介なことになりかねません。

個人情報の管理には、十分過ぎるくらいの注意が必要なのです。

新しい法律を盾に取った恐るべき罠

もう一つ、個人情報に関するクレームの実例を紹介しましょう。

ある家電量販店で、二〇歳前後の女性（Gさん）がエアコンを購入しました。その際、Gさんは保証書に住所、氏名などの必要事項を記入し、店側が控えを保管しました。

それから二日後のことでした。Gさんの父親を名乗る五〇代の男性が、売場にやって来たのです。

「娘がエアコンを買ったんだが、保証書をなくしてしまった。見せてもらえないか?」

男性は、店の従業員にそう要求しました。従業員は、二日前に間違いなくその女性がエアコンを購入していることを確認しました。父親と名乗る男性は、Gさんの名前をはっきり告げていましたから、従業員はその男性が父親であることを、まったく疑わなかったのです。

従業員が保証書を持って来ると、

「申し訳ないが、コピーしてもらえませんか」

そう男性から言われた従業員は、すぐにコピーを取って、男性に渡しました。

それから二週間ほど経ってからのことです。Gさんが、勤め先の会社の上司という男性と一緒にやって来ました。コピーを渡したことへのクレームです。

「じつを言うと、Gさんには父親に住所を知られたくない事情があったんですよ」

「と、おっしゃいますと?」

驚いた従業員が訊ねたところ、事情は次のようなことでした。

店にやって来たのは、たしかにGさんの父親でした。ところが、彼は暴力的な父親で、Gさんはしばしば暴行を受けていました。そこで仕方なく家を出て、居所を知らせずに隠れて暮らしていたというのです。

ただ、そんな父親でも肉親には違いありません。ときどきは携帯電話で近況報告くらいの連絡だけは取り合っていました。住んでいる場所さえ分からなければ、暴力を受けることもないと考えたからです。

ところが、Gさんがエアコンを買ったことを知った父親は、保証書を見れば住所が分かると考えて、店にやって来たというわけです。書かれた住所を頼りに、父親がGさんのアパートを探し当て、ふたたび暴力沙汰が始まってしまったというのです。

そう説明した後、Gさんと一緒にやって来た上司は、

「彼女はもう一〇日も家に帰れないでいるんですよ!」

と声を荒らげました。

店側としては、父親の本人確認も怠っていましたし、Gさん本人の承諾も得ずに保証書のコピーを渡してしまいました。これは、店側の完全なミスだと言わざるを得ません。店側に自らの落ち度を認めさせた上で、Gさんの上司は、

「彼女だっていつまでも友達の所やホテルを転々としているわけにもいきません。会社としてもきちんと引越しをしてもらわないと都合が悪いんです。だから、これまでに掛かったホテル代も含めて、それなりの補償や今後の費用についても支払いをしてくださいね」

と店の責任者に詰め寄ったのです。

じつは、この話には恐ろしい罠が仕組まれていました。

Gさんも父親も上司も、三人はグルでした。つまり、店から慰謝料や補償費を詐取するための、巧妙なお芝居だったのです。いわば新手の詐欺行為であったわけですが、新しい法律の制定・施行を契機に、こうした事件が起こる可能性は高まっています。

個人情報に関してはちゃんとした管理・対応をしておかないと、こうした手の込んだ罠にはめられる危険性もあるのです。

落とし物に目を光らせるクレーマー

拾得物の取り扱いについては、「遺失物法」で規定されています。

しかし、古くなって社会・経済情勢に合わなくなってきたので、新たに改正されることになりました。

改正点の一つが、施設占有者の負担を軽減するため、一部の認可を受けた商業施設などが拾得物を警察署長へ提出する必要がなくなるという点です。つまり、警察が間に入らなくなるということです。

悪質なクレーマーなら、そこを狙わないはずがありません。

ある日、Fさんは、友達と車でテーマパークに出かけました。駐車場に車を止めて歩き出しましたが、友達との話に夢中になり、財布を落としたのに気がつきませんでした。

やがて、警備員がその財布を見つけて、事務所に届けました。それを近くに車を止めていたある男が見ていたのです。この男は、落とし主に成りすまして、その財布を手に入れようと考え、急いで事務所に駆け込みました。

「すみません、たったいま駐車場で財布を落としたんですが……」

「もしかしたら、これですか」

担当者は、警備員が届けに来た財布を示しました。

「ああ、そうです。これです、これです。ああ、よかった」

男の演技があまりに真に迫っていましたし、タイミングもじつにぴったりでしたから、担当者は、その男が落とし主に間違いないと信じ込んでしまいました。ですから、身元をきちんと確認することもなく、「よかったですね」と言って渡してしまいました。

それからしばらくしてから、Fさんはやっと財布を落としたことに気づきました。もしかしたら事務所に届けられているかも知れないと思って、Fさんは訊いてみることにしました。

「すみません、財布を落としてしまったんですが、こちらに届いてませんか」

Fさんの説明を聞いて、担当者は「えっ!」と思わず驚きの声を上げました。

「ついさっき、財布を落としたと言って、駆け込んできた人がいたものですから……」

「えっ、そんな馬鹿な! 確認もしないで?」

Fさんは、あまりにもいい加減な管理の仕方に愕然《がくぜん》としました。と同時に、怒りが湧き上がってきました。

「本当に申し訳ございません。私のミスで、ご迷惑をおかけすることになってしまいました。お客様にはご不満も残るでしょうが、できるかぎり善処させていただきますので、どうかご容赦くださるようお願いいたします」

Fさんは、担当者の申し出を受け入れざるを得ませんでした。

しかし、もしも落とし主と偽の落とし主が、仲間だとしたらどうでしょうか。さきほどのエアコンの保証書の例と同じように、落とし主と拾い主がグルでお芝居をしていたとしたら、どうでしょう。

担当者が管理責任を果たしていない、という弱みにつけ込んで示談に持ち込み、高額な慰謝料を請求するのではないでしょうか。

これはもちろん犯罪ですが、新しい法律の制定・施行を契機にして、こうしたクレームも増えてくるはずですから、さらなる注意が必要です。

こうした事例からも分かるように、悪質なクレーマーは思い掛けないところから牙を剥いて来るものです。

彼らは、鵜《う》の目鷹の目で隙をうかがっているのです。

第六章

世にも呆れたお客様

"粘質クレーマーと病的クレーマー"

グレーゾーンへの対応が問われている

すでにお分かりかと思いますが、クレームと一言でいっても、いろいろなタイプがあります。

おおまかには、

「普通のクレーム」

「困難なクレーム」

「ハードクレーム」

「悪質クレーム」

この四タイプに分類されます。

企業には、製品やサービスなどに対してさまざまな苦情や意見が寄せられますが、ほとんどの場合は電話での対応で十分に納得してもらえます。これは言うまでもなく、問題のない「普通のクレーム」です。

中には、いくら電話で説明しても理解してもらえない場合もあります。つまり、通常の対応では納得してもらえないクレームで、それが「困難なクレーム」と呼ばれるものです。

さらに、接客や電話による問い合わせに対して不手際があったために、かんかんに怒り、一〇〇度に沸騰してしまうクレームもあります。これが「ハードクレーム」です。

いちばん手ごわいのは、問題を大声で追及しながら、暗に金銭や特別扱いを要求するクレームです。これが「悪質クレーム」で、このタイプになると、ほとんど犯罪と変わらないような、あるいは犯罪そのものと言えるような行為に及びます。

いま、大きな問題になっているのは、恐喝などの完全な犯罪行為と犯罪スレスレの行為の狭間《はざま》、つまりクロとシロの中間に位置する「グレーゾーン」でうごめく人間が年々増加の一途をたどっていることです。

従来、「グレーゾーン」に入る人間は、クロ（反社会的な人間）とは断定できないものの、限りなくクロに近い存在でした。

ところがいまは、一般消費者や一般の会社員などが悪知恵を働かせて、ヤクザや詐欺師まがいのクレームをつけてくるのです。

これまで私は、悪質で特殊なクレームをつけて来た数多くの人間を見てきました。彼らは、じつに堂々と自らの社会的地位を自慢します。中には公務員であることを明らかにした上で、詐欺まがいのクレームで企業を厳しく追及しようとする人間もいます。

その意味で「グレーゾーン」は、間違いなくクロの側ではなく、これまであまり問題視されることのなかったシロの側に拡大してきています。しかも、その拡大のスピードは増していく一方なのです。

組織としては、できるかぎり迅速に対応策を検討し、実施しなければなりません。

「粘質クレーマー」と「病的クレーマー」

性格的に見ると、お客様は一人ひとりが明らかに違うのは当然です。性格が違えばもちろん、行動パターンも違います。クレーマーについて言えば、それぞれの性格を反映してクレームのつけ方や内容が微妙に異なるはずです。

中には、「この人は、いやだなあ」とついつい応対を避けたくなるようなお客様もいることでしょう。しかし、お客様であるかぎりは、誰であれきちんと接遇しなければなりません。それは決して変わることのない大原則です。

だとしたら、対応に苦労させられるクレーマーを、性格によってある程度タイプ分けし、それぞれにどのように対応したらいいのか、あらかじめ頭に入れておけば、いざという時にまごつかずにすむでしょう。

先ほどのクレームタイプのうち、「困難なクレーム」とは、一概に悪意があるとは言えないものの、通常の対応ではなかなか納得してもらえないクレームのことです。

この「困難なクレーム」をつける人間をさらに詳しく分析してみると、「粘質クレーマー」と「病的クレーマー」の二つのタイプがあることが分かります。それぞれのタイプは、次のような特徴を持っていますが、「粘質」がさらにエスカレートしたものが「病的」なタイプと考えてよいでしょう。

対応が難しい「困難なクレーマー」

粘質クレーマー

- ●苦情粘質タイプ
- ●時間的粘質タイプ
- ●お取り置き返品粘質タイプ
- ●ストーカー的粘質タイプ
- ●教育的粘質タイプ
- ●商品粘質タイプ
- ●システム・設備粘質タイプ

病的クレーマー

- ●激情タイプ
- ●被害妄想タイプ
- ●他人妄想タイプ
- ●異常潔癖症タイプ

お客様ごとに処方箋を用意する

それぞれのタイプのクレーマーへの対応法については後に詳しく紹介しますが、その前に基本的にどんな心構えが必要かを考えてみましょう。

最も大事なことは、お客様の行動をじっくりと観察し、なぜそうした行動を取るのか、またそうした行動を取る目的は何なのか、なるべく詳細に分析・検討してみることです。そうすれば、お客様がどんな性格の人であるか、その輪郭だけでも把握できるので、対応もかなり楽になります。

「気迫」「気合」「気概」「元気」「勇気」……そんな「気」は、クレーマーと対決するためのエネルギーに満ちた重要な要素と考えています。

執拗なクレーマーに対しても、そうした態度や気持ちを見せる必要があります。「いやだなあ」と思いながら逃げ腰になるのではなく、逆に自分の方から次々にいろいろなことを話し掛けたり、商品をどんどん勧めたりしてみるのです。

また、お店や企業が組織として心掛けておくべきこともあります。

一つは、お客様別の対応を考えてきちんとした処方箋《せん》を用意しておくことです。どのお客様には誰が、どんな対応をするかをあらかじめ決めておくのです。そしていざとなった時は、その担当者を売場から切り離すのです。

さらに、それまでのやり取りなどを基に、想定される問答をまとめて問答集として準備しておくことも大事です。そうすれば、個々の担当者が経験した失敗や、蓄積してきた対応のノウハウなどをみんなで共有することができます。

これは可能ならの話ですが、お客様の身辺を調査しておくこともかなり有効です。たとえば住所や家族構成、職業、お買い上げ状況、クレジットの使用状況などが分かっていれば、それだけ対応もしやすくなります。ただし、個人情報保護法との絡みもあるので、十分に注意して行なわなければいけません。

いずれにしても相手の素性が分かれば、作戦も立てやすいわけです。

粘質クレーマー◀◀◀◀

苦情粘質タイプ

些細なことや、何年も前の古いことを何度も何度も持ち出しては、苦情を言い、詫びさせたりするような、非常に粘着質なタイプです。

事例①
一〇年以上も前のことをネタに特別扱いを暗に要求する

あるスーパーマーケットは、地元で採れる新鮮な野菜を売り物にして、かなり広い地域からお客様を呼び込んでいる評判の店です。

オープンしたのは一〇年以上前のことですが、実は地元の商店会の強い反対があって、一時は出店計画そのものを白紙に戻すことを覚悟しなければならないほどでした。

その危機を救ったのがKという人物でした。地元では顔役として知られていたKは、いろいろな根回しをして反対勢力を抑え込み、オープンを実現させたのです。いわば陰の功労者だったわけです。もちろん、オープン当初はお店から特別扱いをされていました。

しかし、もうすでに一〇年以上の歳月が経ち、店長も二代目、三代目と代替わりし、お店にはもはや陰の功労者としてのKを知っている人はいなくなっています。Kを特別扱いする理由もないし、特別扱いする人もいないわけです。

Kは、そのことが不満でした。

「店長さんは、何代目になるのかな」とK。

「四代目です」

「オープンするまでは問題があって、初代の店長さんと私は、まとめ役としていろいろなところに一緒に出向いたもんだ。いわば戦友みたいなものだったから、初代の店長さんは私を大事にしてくれたんだよ」

その話は四代目の店長には初耳でしたが、オープンに際してKの世話になったことは、事実のようでした。

「初代の店長さんはよく言ってましたよ。『あなたがいなかったら、この店もここにはなかった。あなたはこの店の生みの親みたいなもの。せいぜい親孝行させてくださいね』ってね」

Kは、暗に特別待遇を要求していました。

対応法

過去のしがらみはきっぱりと断ち要求には応じない姿勢を貫く

Kの話にはまったく生産性がなく、お店にとっては何のプラスにもなりません。むしろ業務の妨げになるだけでした。ですから店長は最初のうちは、

「すみません、業務がありますので、今日はこれで」

と言って、お引き取り願っていました。

ところが、何度もつづくと、その場しのぎにも限界を感じてきました。

「このままでは、何度でも同じことが繰り返される。もうきっぱりと言うしかない。過去のしがらみは断ち切ってしまおう」

と店長は決心しました。本社に報告し、協議したうえでKに対してこう告げたのです。

「お客様のおっしゃるとおり、一〇年前には確かにお世話になったかもしれません。です

から、そのことについては私もこの通りお礼を申し上げます」

「ただ、だからと言って初代店長と同じように、あなたを特別扱いするわけにはいきません。私どもにとっては、お客様へのサービスは平等であることが原則なのです」

「また、時代がこれだけ目まぐるしく変わってきているのですから、お客様にとっても、私どもにとっても、いつまでも昔のことにこだわっていても意味がないと思います。そこのところを、ぜひご理解いただきたいと思います」

もしもどうしても特別扱いしなければいけないお客様がいるとしたら、そのことはちゃんと代々の店長に引き継ぎすべきでしょう。

またKのようなクレーマーがいたとしたら、「こんな人がいるけど、こうすれば大丈夫」と重要な情報として、スタッフに伝えておくことです。

時間的粘質タイプ

どんなに忙しい時間であろうとお構いなしに、売場の担当者をつかまえては長時間にわたって話しつづけるタイプ。売場の担当者にとっては、長時間にわたって拘束されることになります。

事例②
一つのクレームをきっかけにえんえんと話しつづける

「こんにちは！」

スーパーの家庭用品売場で担当者が陳列棚に商品を並べていると、三〇代半ばと思われる女性が声を掛けてきました。担当者は反射的に元気よく挨拶を返しました。

「いらっしゃいませ」

「ここの担当の方ですか？」

「そうですが、何か?」

「昨日、荷造り用のヒモを買いに来たけど、なかったのよね。別のお店で買おうかとも思ったけど、そんなに急ぐわけでもないから」

「それは申し訳ございませんでした。それで、どんなヒモをお探しなんでしょうか」

担当者は、女性の話を聞いて、「それなら、こちらの棚です」と言って案内しました。

「あれっ、前からこの棚でした?」

「いいえ、ちょっとレイアウトを変えたものですから」

「そうよね。でも、どうして変えたの? 私は以前のほうが良かったと思うんだけどね。だって、荷造り用の商品がまとめて置いてあったから、とても便利だったじゃない。これだと、カッターはあっち、ダンボールや包装紙はこっちってなってるから、面倒くさくなったわ。そう思うのは、私だけかしら。引越しシーズンなんだもの、必要な物が一カ所に集められてるほうがありがたいんじゃない?」

「いろいろ方針があるものですから」

「上から『こうしなさい』って言われてやってるのね。でもね、ここの現場のことならあなたが一番よく知ってるんじゃないの。お客さんの生の声だって、たくさん聞いてるはずだし」

「まあ、そう言われると、そうなんですが」

「それだったら……」

女性は一向に話をやめようとしません。担当者は、はやく商品の陳列を終えないといけないのですが、日頃からお客様の話には積極的に耳を傾けるようにと言われてもいるので、さっさと切り上げるわけにもいきません。

担当者は、女性の話を聞きながら、どうするのがベストかを考えつづけていました。そうしている間にも、時間はどんどん過ぎて行くのでした。

対応法
会話に飢えているようだったら時間の許すかぎり話を聞いてあげる

「貴重なご意見、ありがとうございます。マーケティングとか、いろいろな勉強をされていらっしゃるんじゃないですか。よくご存知ですから」

担当者は、乱暴に話を切り上げるのは可哀想に思えたので、話題を変えてもう少しだけ話を聞いてあげることにしました。

「専業主婦ですから、日中はたっぷり時間があるので、しようと思えば、勉強はいくらでもできるんです」

「なんか、羨《うらや》ましいですね。ぼくなんか、アウトプットするだけで、全然インプットする時間がないんですよ。お客様のような人に出会うと、自分も頑張らなきゃとは思うんですけどね」

そんなふうに会話をつづけながら、担当者は切り上げる時間を見計らっていました。そして、ついにこう言いました。

「すみません、これを早く片づけてしまわないといけないので」

「あら、ごめんなさい、私もつい夢中になってしまって」

女性は、そう言うと、目的のヒモを手にレジに向かって行きました。その後姿を見て、担当者は、こうしたことも自分の仕事の一つなのではないかと思い当たりました。

以来、担当者は、特別に忙しくなければ、できるだけお客様の話を聞いてあげるようにしています。もちろん、忙しい時は「すみません、いま、忙しいものですから」ときっぱりと断ります。

そうした努力が少しずつ実って、最近はお客様の評価も上がってきているようです。

お取り置き返品粘質タイプ

商品を買いはするものの、なんだかんだとクレームをつけては返品を繰り返すタイプです。常習者が多いことが特徴です。

事例③ 設置済みの洗濯機を色が気に入らないからと引き取らせる

ある家電量販店でのことです。

「この洗濯機をいただきたいんだけど」

と四〇代の女性が従業員に声を掛けました。

「届けていただけるのよね？」

「もちろんでございます」

「保証はどうなってるのかしら」

「私どもでは、すべての商品について、故障した場合はきちんと修理させていただきますし、もしもお気に召さない場合は、取り替えさせていただいております」

「そう、それを聞いて安心したわ。実際に品物を手に取ってみたら、気に入らないっていうこともあるし、気に入らないものを使わなきゃならないのもいやですからね」

こうして女性は洗濯機を現金で購入しました。翌日、家電量販店の担当者が女性のお宅に洗濯機を届け、所定の場所にきちんと取りつけました。

ところが、その翌日のことです。女性から電話がかかってきたのです。

「昨日、取りつけてもらった洗濯機だけどね、色が全然気に入らないのよね。だから、持って帰ってくれない」

「えっ!」

「だって、あんた、気に入らなかったら、取り替えてくれるって言ったじゃないの」

「確かに、そう申し上げましたが、すでに取りつけてしまっておりますので……」

「取り替えてくれるって言うから、安心して買ったのよ。今さら、できないなんて言われても困るわよ」

担当者としては、自分が嘘をついたと女性に思われては、店の信用を傷つけることになるので、女性の要求をむげに断るわけにはいきません。

しかし、要求をのめば、いったん取りつけてしまったので、商品価値がなくなってしまった洗濯機を抱え込まなければいけなくなります。当然、それは店にとっては負担になります。ですから、担当者としては承諾の返事をすることに躊躇《ちゅうちょ》せざるを得ませんでした。

対応法
要注意のお客様の情報を共有しあらかじめ対応を考えておく

家電量販店の担当者は、残念ながら女性のお客様に言質を与えてしまっています。ですから、原則的には女性の要求を拒否することはできません。最終的には商品を取り替えるなり、引き取るなりしなければならないのです。

初回は「性善説」で対応するしかありませんが、大切なのはそれをしっかり記録に残しておくことです。二回以上も繰り返されるような同一人物の同一事案となると、偶然ではなく何かの意図が隠されているとしか考えられません。そんな時はキッパリ拒否する強い態度も必要です。この事例でも、

「すべての商品についてお取り替えができます」

と言わずに、

「商品によってはお取り替えできない場合もあります」

というように、例外があることをはっきりとお客様に伝えておけば、全面的にお客様の要求をのむ必要はなかったかもしれません。

お客様の中には、商品を買っては返品するという行為を繰り返す人がいます。購入することに喜びを覚えるのか、それとも返品することに歪んだ喜びを見出しているのか、何を目的にそうしたことをするのかは分かりません。しかし、目的が分かったとしても、店側としては断ることができないのです。なぜなら、店としてはお客様に購入していただくことが大前提になっているからです。

こうしたタイプのクレーマーは、特定の店や特定のメーカーの商品だけをターゲットにすることが多いようです。したがって、店ではすべての売場でそうしたお客様の情報を共有するようにすべきです。

また、メーカーも同様で、これからはメーカー同士がもっと緊密に連携し合い、業界として対応することも必要になってくると思われます。

ストーカー的粘質タイプ

特定の売場の女性販売員、あるいはピンポイントで特定の女性販売員につきまとい、いやがらせをするタイプ。まさにストーカー的なクレーマーです。

事例④ 交際を求めたが断られてストーカーからクレーマーへ

スーパーの文房具売場を担当するMさんは、真面目で明るくて、誰からも好かれる二〇代半ばの女性です。彼女には最近、気になっていることがありました。

しょっちゅう売場にやって来る若い男性がいるのです。やって来ては、いつも何かしらの買い物をしますが、レジでMさんをじっと見つめるのです。時にはぼそぼそっと何事かを呟《つぶや》くこともあります。

その日も、男性は売場にやって来て、レジの周辺に他の人がいないことを確認すると、近くの棚からボールペンを取り、急いでレジに向かいました。

「これ……」

「いらっしゃいませ」

Mさんは、平静を装っていましたが、男性の射るような視線を感じて、不安を募らせていました。男性は千円札を差し出しました。

「千円お預かりいたします」

Mさんは、商品を袋に入れ、レシートとつり銭を渡そうとしました。その時のことでした。男性は、燃えるような目をしてこう言ったのです。

「付き合ってください」

Mさんには、ちゃんと聞こえていましたが、聞こえない振りをして、「ありがとうございました」と頭を下げました。すると、男性はにっこりと微笑んでその場を去って行ったのです。

どうやら男性は、彼女の「ありがとうございます」という言葉を好意と受け取ったようでした。男性はそれ以来、ますます足しげく文房具売場にやって来るようになったのです。

そして、「付き合ってください」と繰り返すのでした。

「このままではいけない」と思ったMさんは、勇気を出してこう言いました。

「いまは仕事中ですし、それに、私には付き合っている人もいますから……」と。

男性はそれから姿を見せなくなりました。しかし、Mさんは勤務を終えて家に帰るまでの間、ずっと誰かにつけられるようになったのです。それがあの男性であると確認できたわけではありませんが、Mさんには確信がありました。

このままだと、身の危険にさらされることになると考えたMさんは、店長に相談することにしました。ところが、忙しさにまぎれて一日延ばしにしているうちに、Mさんは店長からこんな話を聞かされることになったのです。

「お客さんから電話があって、『満足に客対応もできない女になんで文房具売場を任せてるのか』って言うんだ。もちろん、君がそんな人間でないことは私がいちばんよく知ってる。まさかとは思うけど、最近、お客様との間でトラブルはなかっただろうね？」

Mさんは、電話をしてきたのが例の男性であることはすぐに分かりました。それでMさんは、その男性についてすべてを店長に報告しました。

「そうだったのか……。あの男は、君に交際を断られたので、逆恨みしたんだね。私としては、こんなふうにこじれる前に報告してもらいたかったというのが正直なところだ。しかし、いまさら言っても仕方がないから、何とか対応を考えよう」

「すみませんでした」

Mさんは、店長に頭を下げるしかありませんでした。

対応法 警察沙汰になることを相手に告げ迷惑行為をやめさせる

店舗での対応に苦慮した店長から相談を受けた私は、さっそく最寄りの警察署の相談係へ出向きました。

ここで重要なポイントは、クレーマーに対して「警察に相談している」「これ以上つきまとえば事件になるぞ」とプレッシャーを与えることにあります。

こうして自らの足元を固めた上でクレーマーに対峙すれば、自信を持って毅然と対応できるとともに、相手に対して一層の牽制効果という相乗効果が期待できるのです。

その後本社のお客様対応の責任者として挨拶した私に、クレーマーは、

「何か文句でもあるのか！」

と威圧した態度を見せました。しかしさまざまな人間を見てきた私には、明らかに虚勢を張って威圧しているのはミエミエで、あらかじめ予想したとおりでした。そこで、冷静

な口調でキッパリと告げたのです。

「従業員は個人的な接客はできません。これ以上は業務の支障になるのでおやめください」

この通告に、クレーマーは当然のことながら声を荒らげました。

「何でや、僕は客だぞ！　客に対してその言い方は失礼だ！」

たとえ大声を上げられても、怯《ひる》んだり妥協してはいけません。とくに重要なことは、勝負の分かれ目は「気」であるということです。

「お客様の大切さは十分理解しています。でも迷惑行為、業務の支障となれば話は別です」

私は臍下丹田《せいかたんでん》に力をこめて言いました。さらに、相手の目をしっかり見据えて、

「店舗、従業員を管理する者として、これ以上は看過できません。すでに警察にも相談しました。これ以上迷惑行為がつづくなら、法的手段に移行し、司法の判断を仰ぐことになります」

毅然とした口調でそう通告しました。これで、勝負あり。一件落着となったのです。

何か変だ、と感じられるお客様がいたら、監視の目を強くして、早め早めに対応することを心掛ける必要があります。

教育的粘質タイプ

まるで指導者のように振舞うタイプ。比較的、年配者に多く見られるタイプです。

事例⑤

リタイアした男性が売場担当者に接客の教育をする

「大クレームの時代」と何度も言ってきましたが、その主役の一つが団塊の世代です。リタイアした人たちの中には、自らが存在価値としてきた経験やスキル、ノウハウなどを十分に発揮する機会や場が失われ、手持ち無沙汰になっている人がたくさんいます。会社一筋、仕事一筋で来たために、地域社会ともなじめず、家庭の中にも居場所がなくなっているのです。

しかも、街に出て周囲を見回してみれば、彼らが現役の頃は当たり前だったことで、現在はそうでなくなっていることがたくさんあります。それがいちいち気になって仕方がないのです。それで、ついつい口を出さずにはいられなくなってしまうのでしょう。

これはあるデパートの寝具売場で実際にあったことです。

ベッドの売場で、あるお客様がベッドの上に横になっていました。あまりにも気持ちが良かったと見えて、どうやらそのお客様は居眠りをしてしまったようです。

それを見て、売場の担当者が飛んできました。

「お客様、ここで寝ていただいては困ります」と、お客様を起こしました。

「すいません、ついつい気持ちが良かったもので」

お客様は照れ笑いをしながら謝り、起き上がりました。

「他のお客様の迷惑になりますから……」

担当者は、さらに駄目押しをしました。

そうしたやり取りを見ていたのが、ある会社で営業責任者を務めていた男性でした。リタイアしたばかりのその男性は、ベッドに興味があって、その売場にやって来ていたのでした。

「ちょっと待って、大事なお客様に対して、なぜそんな失礼なことをするの？」

男性は、担当者に面と向かって言いました。担当者は「えっ」と声をあげただけで、ぽかんとしていました。

「お客様は、このベッドがあまりにも気持ち良かったから、眠ってしまったんでしょう？　それが理想のベッドだということが体で実感できたわけじゃないですか」

男性はそう言ったあと、さらに言葉を継ぎました。

「そもそも、売場にこうしてベッドを並べているのは、ベッドが安らぎと健やかな眠りを与えてくれるものであることを、お客様に実感していただくためでしょう？　それなのに無理に起こした上に注意までして、お客様に頭を下げさせたりしたんじゃ、お客様のベッドに対する印象が悪くなってしまうじゃないですか」

担当者は、男性の素性が分からないので不審の念は拭《ぬぐ》いきれないようでしたが、何度も頷《うなず》いていました。

「確かに、あなたのおっしゃるとおりです。私が間違っていました」

「接客というのは、いつでもお客様本位の気持ちでやらなくちゃいけないんです。買うか買わないかはお客様が判断することであって、売場の担当者が判断すべきことじゃないんです。お客様に気持ちよく買っていただけるようにするのが役目です」

担当者が神妙に耳を傾けているので、男性は自分にかつての自信がよみがえって来るのを感じたようです。

結局、それがきっかけとなって、男性はあちこちの売場を回っては、接客態度に駄目出しをして、持論を展開するようになったのでした。

対応法　貴重な意見には感謝しつつも業務上の迷惑になることを告げる

男性のクレームは、まさに正鵠《せいこく》を射ているものです。店側にとっては、いわば貴重な「宝」とすべきクレームなわけです。それだけに、対応も難しいところです。

しかし、何度も繰り返されたのでは、業務にも支障をきたすことになります。やはり、どこかのタイミングで一度はきっぱりと困ると告げる必要があります。それをしないと、「自分はお店のためにいいことをしているんだ」とますます自信を深めさせ、クレームもエスカレートしていく可能性があります。そこで、ついに売場の主任が登場することになりました。

「お客様、誠に貴重なご意見をいただき、ありがとうございます。お客様がおっしゃったことは、一同、しっかりと肝に銘じています」

と売場の主任は、まず丁寧にお礼を言いました。

「ですが、業務の最中ですから、他のお客様に十分な対応ができなくなってしまいます。申し訳ございませんが、そこのところをもう少しお考えいただけませんでしょうか」

「あ、そうでしたか。ついつい改善すべき点ばかりが目についちゃうもので……」

「至らない点が多いものですから、誠に恐縮です。これからもお客様として、ぜひ温かく見守っていただきたいと思います」

それ以来、男性がそのデパートで長時間にわたって接客態度にクレームをつけることはなくなりました。

耳を傾けるべき貴重な意見はきちんと聞きながらも、業務上の迷惑になっているのであれば、そのことは遠慮せずにはっきりと言うべきです。

その際にはもちろん、相手はお客様ですから、感情を害さないように細心の注意をしなければいけません。

商品粘質タイプ

ある特定の商品について、何度もクレームをつけては、壊れた部分を繰り返し修理させたりするタイプです。

事例⑥ 偽物を買わされたマニアが過大な要求を突きつける

店の従業員にとって、何はさておいてもまず身につけておかなければならないのは、基本的な商品知識です。いくら接客態度が良くても、肝心の商品についての知識がなければお客様から信頼を得ることはできません。

ところが、お客様の中には販売担当者よりも深い商品知識を持っている方がいる場合があります。こうしたマニアックなお客様は、商品に対する思い入れが強く、自分の知識に絶大な自信も持っていますから、その商品に関することなら、どんな些細なことでも見過ごすことはできないのです。もちろん、自分が間違っているなどとは思いもしませんから、絶対に譲りません。

具体例を紹介しましょう。

女性のブランド・マニアが、信用を置いていた代理販売店から、有名ブランドの商品を購入しました。ところが、それから一年後に、その商品が偽物であったことが判明したのです。ブランド・マニアのお客様は、血相を変えて店にやって来ました。

「これが偽物だったんですって！」

「誠に申し訳ございません。昨日、イタリアの本店からこうした偽物が出回っているようだから、十分に注意するようにと連絡が入ったのです」

「じゃ、私は一年間、偽物を身につけてたってわけ？」

「申し訳ございません。商品はすぐに引き取らせていただきますので」

「引き取ってもらえば、それで済むっていう問題じゃないわ。このブランドを愛する私が、その偽物を持ってたなんて、そんなことがあっていいと思うの。絶対に許せないわ！」

「すべての責任は私どもにありますから、お客様にご満足いただけるように善処させていただきたいと思いますが……」

「私が自分でイタリアの本店に行って、自分の目でちゃんと確かめて買って来るわ。それがいちばん間違いのない確実な方法よ。もちろん、旅費も含めてちゃんと対応してもらうわ。私のプライドがずたずたにされたんだから、それ位の補償はむしろ当然じゃないの！」

お客様はそう言って、一歩も退《ひ》こうとはしないのでした。

対応法 できることとできないことをきちんと理解してもらうことで解決

店側は、非が全面的に自分たちにあることを認めているわけですが、旅費も宿泊費もすべて店側が持ち、お客様に本店まで行って購入して来てもらうというのはあまりにも負担が大きすぎます。

「私どもとしても、できるかぎりのことはさせていただきますが、そこまでの補償となると、どう頑張っても難しいのではないかと思います。ですから、もう少しお考えいただけませんでしょうか。じつを申しますと、間もなく本店のほうから役員が来ることになっています。それまでお待ちいただくわけにはいきませんか。他のお客様にもそのようにお願いし、ご了承いただだいております」

「他の人と同じにしてもらっては困るわ。このブランドに対する思い入れが全然違うんだから」

「それは本当にありがたいことだと思います。ですが、どうかご理解いただきたいのですが、お客様だけを特別扱いにさせていただくわけにはいかないのです。その代わり、本店の役員にお客様のことをちゃんとお伝えしますから、来日を楽しみにお待ちいただけるとありがたいのですが。いかがでございましょうか」

「そこまで言っていただけるなら、分かったわ。おっしゃるとおり、楽しみにさせていただきます」

「ありがとうございます」

いくら非は店側にあるとしても、あまりにも過大な要求をするお客様に対しては、やはりできることとできないことがあることをきちんと理解してもらう必要があります。

システム・設備粘質タイプ

システムや設備などに、しばしばクレームをつけるタイプです。

事例⑦
子供が転んだから カート置き場を移動しろと要求する

お客様が店の設備や防犯システムなどにクレームをつけるケースは、意外にたくさんあります。

たとえば監視カメラについてのクレームがあります。昔は「肖像権の侵害」と言って、設置していることに対してのクレームがもっぱらでしたが、いまでは逆に「何でつけてないのか」というクレームが多くなっています。その他に、「換気扇をもっと増やせ」とか、「銀行のATMがあればもっと便利になるから、設置してくれ」など、実にさまざまな要求があります。

こんな具体例があります。あるスーパーでのことです。二、三歳の子供を連れた母親が血相を変えて店長に訴えました。

「なんで、あんな所をカート置き場になんかしておくの。うちの子が、カートに足を引っ掛けて転んじゃったじゃないの。それでなくたって、狭くて歩きにくいんだから、どっか別のところに移動してよ」

「それは申し訳ございませんでした。お怪我はございませんでしたでしょうか。私どもも、お客様にはできるだけ便利なように、とみんなで知恵を出し合って努力いたしておりますが、まだ至らない部分がありまして」

「ちゃんとしてもらわないと、危なくて子供を連れて来れないわ。うちの子以外に何人も子供が転ぶのを見てるし、お年寄りもカートを避けて通るのに苦労してるじゃない」

お客様の怒りは、なかなかおさまる気配がありませんでした。

対応法 安易に承諾の返事はせず、まずは状況を調査する

システムや設備についてのクレームには、往々にして「なるほど、そうしたほうがいいのかな」と店側に思わせるような貴重な意見があります。

しかし、システムや設備となると、改善するのに費用がかかるので、安易に「分かりました」と要求をのむわけにはいきません。カート置き場を変えるにしても、レイアウトを変えなければならないので、簡単にできることではありません。

「お客様のご意見はうかがわせていただきました。私どもとしても、どうしてそうしたことになってしまったのか調べたいと思います」

店長は、そう言ってお客様に納得してもらいました。ここで、

「前向きに検討させていただきます」

などと安易に言わなかったのは、さすが店長です。そこまで約束してしまうと、

「あれから何カ月にもなるけど、何も変わらないじゃないの。その場逃れの嘘をついたってわけね」

と改めてクレームをつけられることになります。

費用対効果などを考えたうえで、本当に貴重な意見でお店にもプラスになるのであるなら、できるだけ要求に応えるべく努力すべきでしょう。

病的クレーマー ◀◀◀◀

激情タイプ

非常に喜怒哀楽が激しく、さっきまでにこやかにしていたかと思うと、突然怒り出したり、キレたりするタイプ。感情の振幅が大きいし、何をきっかけにして感情が変わるか分からないので、対応には神経を使わなければいけないタイプです。

事例⑧

激しい口調でクレームをつけ突然、大声で泣き出す

私は仕事柄、普通の人よりは人間を観察する機会に恵まれています。

そんな私が、最近、ちょっと気になっていることがあるのです。それは、喜怒哀楽の感

情の波が激しく、突然、怒り出したり、キレたり、泣き出したりする人が多くなってきているのではないかということです。

情報が非常に多くなり、何でもすぐに手に入るような世の中になったために、自分の感情をコントロールしながら、精一杯努力しつつ、その機会が来るのをじっと待っている必要がない。その結果として、感情の抑制がきかず、喜怒哀楽の激しい人が多くなっているのではないかと思うのです。

ある化粧品売場での出来事です。二〇代半ばの女性客がやって来て、いきなりバッグから口紅を取り出し、カウンターの上に乱暴に置きました。

「この口紅だけど……」

「昨日、お試しいただいて、とっても気に入っていただいたものですよね。ありがとうございました。で、どうか、なさったんでしょうか？」

「ちっとも似合わないって言われたのよ」

「いま、お使いなのもこれですよね。とっても健康的に見えて、素敵じゃないですか」

「昨日も聞いたけど、それって単なるセールストークなんでしょう？」

「失礼ですが、そんなことは絶対にありません。似合わないものを売りつけたりしたら、私自身の信用も、店の信用もなくすだけですから」

「ああ、じゃ、どうして……」

と言うと、女性客はいきなり泣き始めました。

販売員はあまりにも思いがけない成り行きに、しばらくはただおろおろするだけでした。

「じゃ、彼にはセンスがないって言うの。ひどいじゃないの」

「いいえ、私はただ、よくお似合いだと正直に申し上げているだけですが」

「この口紅のせいよ。彼に嫌われたのは」

女性客の泣き声は一層大きくなりました。

対応法

相手の気持ちを落ち着かせて何でも話してもらう

店にとっては、女性客に泣かれるのがいちばん怖いことです。

たとえ女性客側に問題があったとしても、店のイメージは確実に悪くなるからです。やはり店頭は、笑顔と楽しげな声で満たされているのがベストなのです。

その窮状を救ったのが、先輩の販売員でした。

「お客様、ここではゆっくりお話をうかがうこともできませんから、どうぞこちらにいらしてください」

そう言って、先輩の販売員は自分たちが休憩の場として使っているスペースに、女性客を案内しました。女性客は最初は警戒する様子でしたが、次第に落ち着いてきました。

「さあ、ここでならお客様のおっしゃりたいことを何でもおっしゃってください。私が、うかがわせていただきますから」

結局、これが最良の対応法となりました。いつ、どんな言葉に過敏に反応して再び怒り出すか分からないので、慎重に言葉を選びながら、話を聞いてあげたのです。

その結果、女性客は恋人に振られてしまい、誰かに話を聞いてもらいたくてクレームをつけたのだ、ということが分かったのでした。この場合、話を聞いてあげることが、彼女にとっては、いちばんの救いになったわけです。

喜怒哀楽の激しいお客様の場合は、振幅の大きい感情のままに話すので、本当は何が言いたいのかを把握しにくいことが多いのです。一方、店側でも相手の感情の揺れに翻弄されて冷静さを失いがちになるので、対応が非常に難しいのです。

被害妄想タイプ

人が笑顔でいるのを見ると、自分が笑われていると思ったり、何人かの人たちが楽しげに話し合っているのを見掛けると、被害妄想的に自分の陰口を言っていると勝手に思い込んだりして、クレームをつけるタイプです。

事例⑨ 笑顔で挨拶する店員に「どうして笑うんだ」と詰め寄る

デパートの紳士用品売場で働くNさんは、笑顔が素敵だと評判の女性でした。「いらっしゃいませ、と笑顔で挨拶されるだけで、心が晴れるような気がする」と言う男性客も結構います。Nさん自身も、それが自分の仕事の重要な一部であると心得ています。

その日も、Nさんはいつものようににこやかに接客していました。と、そこへ心なしかうなだれた感じのする男性客がやって来ました。

「いらっしゃいませ」

Nさんは、いつもどおりの挨拶をしました。どんな人であれ、売場にやって来た人はお客様ですから、笑顔も普段どおりでした。

ところが、その時、思いもかけないことが起きたのです。

「なんで、人の顔を見て笑うんだよ！」

と、いきなり男性客が詰め寄ったのです。Nさんには一瞬、何が起きたのか分かりませんでした。それほど思い掛けないことだったのです。

「そんなに俺の顔がおかしいのか？」

「不快な思いをさせてしまいましたのなら、どうかお許しください。だけど、私はご挨拶をさせていただいただけなんですが」

「馬鹿にして、笑ったんだろう？」

「とんでもございません。お客様を気持ちよくお迎えしたかっただけでございます」

「馬鹿にして笑われて、誰が気持ちよくなんかなれるんだ？　そんな奴が本当にいるなら、お目に掛かりたいもんだ」

「でも、私は本当にご挨拶させていただいただけで……」

Nさんは戸惑いと悲しみで、いまにも泣き出しそうになりました。

対応法

相手の誤解を解くことに全力を挙げて取り組む

このケースでは、男性客が誤解していることは明瞭ですから、その誤解を解くことがすべてです。

この時はたまたま売場の主任が近くにいたので、状況を察してすぐに助け舟を出してくれました。

「あ、Nさん、どうかしたんですか。『いつも笑顔で、元気に明るく』でしょう。ほらほら、笑顔を忘れてるよ」

「すみません」

「何か失礼なことでもありましたでしょうか。私がこの売場の責任者ですから、ご不快なことがあったのなら、私にお話ししてくださいませんか」

「ここへ来たら、いきなり笑われたんだよ」

「お客様、誠に失礼でございますが、それはお客様のまったくの誤解でございます」

そう主任は切り出しました。

「私どもでは、お客様を最上の笑顔でお迎えすることにしております。その笑顔が気に障《さわ》ったとおっしゃるのであれば、お詫び申し上げなければなりません。この通りです」

そう言って頭を下げました。

「ですが、笑顔の陰に悪意を抱いているというのは、Nに限っては絶対にあり得ないことです。ですから、どうか許してやっていただけませんでしょうか」

主任の言葉に、男性客も次第に落ち着きを取り戻してきました。やがて、こう語り始めました。

「いやあ、許してもらわねばならないのは、どうやら私のようだ。虫の居所が悪かったものだから、ついつい」

男性が語ったところによると、その日、彼はリストラされて落ち込んでいたのでした。そのために、笑顔に出会うと、自分の不甲斐なさを笑われているように思い込んでしまったのです。また、ひそひそ話をしていると、自分の悪口を言っているのではないかと疑ったりもしたそうです。

被害妄想タイプは、自分を守ろうとする意識が非常に強いので、対応には細心の注意が必要です。気持ちを逆なでしないように言葉に注意しながら、誤解を解いてもらうことが肝心です。

そして、相手がますます逆上して理不尽な要求をするような場合は、複数で対応したり、あるいは警察に連絡したりすることも忘れてはなりません。

他人妄想タイプ

誰にでも変身願望はあるでしょうが、実際にさまざまな人間になりきってクレームをつけるタイプ。たとえばある時はアーティスト、またある時は弁護士などといった具合です。

事例⑩ 専門的な知識を持ち注意点を次々に指摘する

世の中には変身願望が極端に強い人がたくさんいます。

たとえば、弁護士の資格もないのに、法律の専門家である弁護士を騙《かた》ったり、医師でもないのに精神科医を名乗ったりするといった具合です。

あるスーパーには、消防の専門家を名乗る男性が現れました。

「あのね、こんなふうにシャッターの下に商品を置いておいたんじゃ、いざという時に防火の役目を果たせないでしょう。さっさと片づけなさい」

売場の担当者はいきなりそんな指摘を受けて、どきりとしました。というのは、担当者は年に一回の消防訓練に参加していたので、消防法についてはある程度の知識を持っており、自分たちが消防法に違反していることを知っていたからです。

「すみません、すぐに移動させますので」

「消火器も、これじゃ何処にあるのか分からないじゃないですか」

男性は次々に問題点を指摘していきました。担当者はこのままつづけられたのでは、お客様に不安を与えてしまうことになると判断し、応接室でお話を聞かせてもらおうと思って案内しました。

ところが、そこまで行く間も、「通路には障害物がたくさんありますね」などと、なおも指摘をつづけるのです。担当者はまさに冷や汗ものでした。

その一方で「この男性はいったい何者だろう」という疑念も湧いてきました。

制服を着ていないので、職務中の消防署職員でないことは確かです。しかも、ただ単に指摘するだけで、何かを要求するわけでもありません。

この男の正体は何で、目的は何なのだろうか、と担当者は首を捻りました。

対応法
まずは相手の身元を確認し何が目的なのかを探り出す

こうしたケースは決して珍しいわけではありません。

ただし、消防や防犯、さらには法律の専門家を騙り、違反行為を見つけ出し、それをネタに金品を得ようとする悪質なクレーマーもいますから要注意です。

いずれにしても、いの一番にすべきことは相手の身元を確認することです。たとえば、こんなふうに訊いてみるといいでしょう。

「失礼ですが、どちらの消防署の方でいらっしゃいますか。この辺ではあまりお見かけいたしませんが」と。

そのように本当に消防関係者なのか、あるいは弁護士なのかをまず見極めるのです。

本当に悪質なクレーマーであれば、きっとそれらしい服装くらいは用意していることでしょう。また、あらゆる場面を想定してあらかじめストーリーを考え、シミュレーションを繰り返しているものです。ですから、そこが判断のポイントの一つになります。

しかし、このケースの男性のようにただ違反行為を指摘するだけで、何を要求するわけでもない場合は、消防関係者としてチェックし、指摘・指導する自分に満足しているだけなのでしょう。

あるいは専門家として相手から一目置かれることが喜びなのかもしれません。成りきるために名刺を作ったりしている場合もあるかもしれません。しかし、あくまでも自己満足が目的ですから、相手を騙《だま》して何かしようという意識は希薄です。

「いろいろとご指摘いただき、ありがとうございました。より安心してお買い物を楽しんでいただけるよう、もっともっと努力しますので、至らない点がありましたら、今後もご指摘いただきたいと思います。ただし、業務上の都合もありますので、その点はくれぐれもご配慮ください」

妄想を助長するのではないかという懸念はありますが、専門家にあるまじき言動があったら、そこを追及すればいいのです。

そうすれば、思わぬところから化けの皮がはがれるはずです。

異常潔癖症タイプ

潔癖症も度が過ぎると、ちょっとしたミスでも絶対に許せなくなるものです。ほんの小さな間違いでも放っておくことができず、クレームをつけるというタイプです。

事例⑪ 汚れの付着したコップによる精神的苦痛を訴える

最近、不思議な人たちが多くなったと思いませんか。

たとえば、花粉が飛散するシーズンでもなく、風邪が流行する季節でもないのに、しっかりとマスクをし、ゴーグルを掛け、できるだけ人ごみは避けようとする人たちです。

空気が汚れているからと言ってしまえばそれまでですが、異常なまでの潔癖症がそうさせている場合も多いのです。

こうした人たちは、ちょっとした汚れにも非常に神経質になっています。かつてレストランでこんな例がありました。

ある女性が、ボーイが持ってきたコップに入った水を飲みました。ところが、その後で、女性はコップの縁に汚れが付着しているのに気がついたのです。

異常なまでに潔癖な彼女は、たちまちパニック状態になってしまいました。

「私はこのコップの水を飲んでしまったのよ。もしもこの汚れが何かの細菌だとしたら、私にだって感染する恐れがあるじゃない。どうしてくれるの。私のこれからの人生を、いったいどうしてくれるの！」

女性は食って掛かりました。

「すみません。汚れがついていたのは、私どもの落ち度です。不快な思いをさせまして、誠に申し訳ございませんでした」

「これはふつうの汚れとは違うでしょう。私はこのコップで水を飲んでしまったのよ。細菌は、もう体の中に入ってるわ。どうしてくれるの？」

「申し訳ありません」

「頭を下げれば済むって問題じゃないわ。私はこれからずっと、いつか病気になるかもしれないと、心配しながら生きていかなくちゃならないんだから」

女性の怒りは、時間が経てば経つほど、ますます激しくなっていくのでした。

対応法

誠心誠意お詫びするが、公正・公平の原則は貫く

潔癖症もここまで極端になると、なかなか対応は難しくなります。

できるものなら、コップに付着していた汚れが病原菌のようなものかどうかを、まず確認したいところですが、残念ながらその場ですぐにというわけにはいきません。

その時点ではっきりしていることは、コップに何かの汚れが付着していることと、女性が潔癖症であることだけです。ただし、これだけで精神的苦痛を訴えられても、あまりにも根拠が薄弱すぎます。

大方のお客様は、誠心誠意お詫びをし、コップを取り替えるなどの対応をすれば、

「今度からもっと気をつけてよ」

と言うだけで許してくれることでしょう。レストラン側にとっては、それが一般的な対応法になっているのです。こうしたケースでの対処法としては、

「お客様に精神的苦痛を与えているとすれば、私どもとしては誠に心苦しい次第です」

と、まずは謝罪の意を表すること。その上で、

「ですが、お客様だけを特別扱いにさせていただくことはできないのです。お客様に対しては、いつでも公平・公正でなければならないからです。もちろん、お客様がご心配でしたら、検査をお受けいただきたいと思います。何か異常があり、私どもの責任が明確になりましたら、その時はきちんと補償させていただきます。どうかご理解、ご容赦いただけませんでしょうか」

このように対応するしか方法はないでしょう。

あまりに心配している状況が深刻ならば、店の負担で診察や治療を受けていただくことも必要です。これもサービスの一環であり、きっちりと実態把握ができることにもなり、顧客の不安を和らげる効果もあります。

あとはお客様が過度の潔癖症であると分かったら、常にも増して全員で細心の注意を払ってサービスすることを心掛けるべきです。

そしてなによりも肝心なのは、日頃から清潔に保つこと。問題の芽を事前に摘んでおくことが大切です。

おわりに

二〇〇六年九月のことでした。

大阪府警の現職警官からこんな電話が掛かってきました。

「援川、落ち着いて聞けよ。あのなあ、教官が亡くなったんや。何でも、ガンやったらしいわ」

私の大阪府警察学校時代の担任教官であり、恩師と仰ぐ中村浩氏のあまりにも突然な訃報に接し、私はショックでしばらく言葉を失っていました。やがて、むらむらと怒りが込み上げてきました。

「なんでや、なんでもっと早く教えてくれんかったんや。冷たいやないか……」

「それがなあ、誰も教官の病気を知らんかったんや。教え子たちに心配かけたり、迷惑かけたりしたらいかんと、家族以外には誰にも教えていなかったらしいわ。わしも今日、亡くなったという知らせを聞いて、はじめて事情を知ったんやで。ほんまやで。いかにも中村教官らしいやろ」

私と同期で、出世頭である警視の答えでした。

警察官として六〇歳まで勤め上げ、退職してから二年足らずでの訃報でした。思い返せば、中村教官とはじめて出会ったのは一九七九年の春、私が大阪府警察学校に入学した時のことでした。桜が満開であったことを鮮明に憶えています。

その教官に最後にお会いしたのは、二〇〇五年一月、大阪・京橋で開催された教官の退職祝いを兼ねた同期会でのことでした。大阪府警を途中退職してから一〇年が経っていたので、私にとっては何よりも待ち遠しかった教官との再会でした。

警察を途中退職することは、不祥事でやめる以外にはあまり例がありません。ですから、三九歳で途中退職した私は、ある意味では恩師に対して背信行為をしたことになり、教官に申し訳ないことをしたという思いが常にありました。だからこそ私は、郷里で元気に頑張っている自分の姿をぜひ教官に見て欲しいと願っていたのです。

幹事から案内状が届いたとき、私はすぐさま出席する旨の返事をしました。幹事も同期会での挨拶で、

「いちばん遠くから来た援川が、いちばん早く返事をくれ、いちばん気合を入れて参加しています」

と紹介してくれました。

じつは、その日の私にはもう一つの強い思いがありました。同期会の一月前に出版されたばかりだった拙著『クレーム処理のプロが教える断る技術』を教官に読んでいただきたかったのです。

「教官、これ、今度出版されたばかりの私の本なんです。どうぞ読んでください」

私はそう言って、酒宴が果てた後、地下鉄京橋駅の広場で恐る恐る差し出しました。

「ほう、お前の本か。そうか、頑張っとんやな。ぜひ読ましてもらうわ。まあ、頑張れよ」

その時は、それで別れましたが、二〇〇六年の年賀状には、

「著書をみなさんに紹介しました」

と書かれていました。私は本当に嬉しかった。ただ単純に嬉しかった。

それ以来、忙しさにまぎれて連絡できずにいました。本当に申し訳なかったと思います。

私は、小さい頃から夢を抱いて警察官を志したわけではありませんでした。しかし、警察の仕事は性に合っていましたし、嫌いでもありませんでした。不祥事で警察をつづけられなくなったわけでもありません。転職先も、自ら求めて、これしかないと確信したわけでもありません。

信念とは無縁で、悩んだり迷ったりの男が、流れに逆らわず、自分を失わず、今日まで何とか生きてこれたのはなぜか、と問われれば即答できます。それは尊敬する教官との出

会いと、警察学校で培われた「背骨」があったからです。

　転職先でも、トラブルの相談に対して決して逃げず、諦めずに対応できたのも、その「背骨」があったお陰です。相手に「気」で負けなかったからだと信じています。

「私は消費者の代表だから、私を敵に回すと、すべての消費者を敵に回すことになる」

と主張するクレーマー。

「自分のためではない、社会のために誤りを正すのだ」

と言ってはばからないクレーマー。こうしたグレーなクレーマーに悩まされる人は、いったいどれくらいいるのでしょうか。

　大事件ではないにしても、生産性のない無益なやり取りを強要し、現場を困らせ、GDPさえ下げている理不尽な言いがかりをつける悪質クレーマーは、着実に増えつづけています。

　誰かが、それを食い止めなければなりません。私には次第に、一隅を照らす思いが強くなってきていました。そんな時期の訃報でした。

　都合で葬儀には出席できませんでしたが、数日後、ご自宅を訪ねました。仏壇に飾られていた笑顔の教官の遺影を目にした瞬間、私は思わず号泣してしまいました。

　しばらくして、奥様が私に声を掛けてくださいました。

「お父さんはきっと、高い所から援川さんの活躍ぶりを見てますよ。頑張ってくださいね」

私は、その一言で目が覚めました。

私は『クレーム処理のプロが教える断る技術』一冊を出版しただけで満足していてはいけない、と思ったのです。私なりのメッセージを改めて新しい本にまとめ、少しでも社会の闇を晴らすことができれば、今は亡き教官もきっと喜んでくださるに違いありません。逃げず、ひるまず、闇に真っ向から立ち向かうことこそが、教官に対する恩返しになる、と私は信じています。

私には夢があります。

目標や信念なども持たず、中途半端だった私に、社会の役に立つ喜びを教えてくれたのは警察学校でした。いま、ニート、フリーター、ワーキングプアなど、社会の狭間で悩んでいる若者がたくさんいます。そうした若者を導く、私設の「ポリスアカデミー」を設立するのが私の夢です。

幸い、私が生活している街には、映画『海猿』で有名になった海上保安学校があり、また近くにはかつての海軍兵学校があった江田島があります。団体・共同生活から生まれる社会性こそが、いま、この国に最も必要とされるものではないか、と私は感じています。

私の知己には、高度なスキルや優れた知見を持った警察ＯＢがたくさんいます。そうした先輩たちとさまざまな形で連携し、補完し合うことができれば、困難な時代を克服し、きっと明るい未来を拓《ひら》けるものと確信しています。

二〇〇七年一〇月

援川　聡

本書は書き下ろしです。
原稿枚数314枚（400字詰め）。

〈著者紹介〉

援川聡（えんかわさとる）　1956年、広島県生まれ。大阪府警退職後、大手流通会社で渉外担当を務める。現在、㈱エンゴシステム代表取締役。独自のノウハウを基に、悪質クレーム対応サイト「クレームマネージャー」を会員に配信している。また、実体験に基づいた講演は各地で反響を巻き起こしている。著書に『クレーム処理のプロが教える断る技術』（小社刊）がある。

http://www.engosystem.co.jp/

困ったクレーマーを5分で黙らせる技術
2007年10月25日　第1刷発行

著　者　援川　聡
発行者　見城　徹

GENTOSHA

発行所　株式会社 幻冬舎
〒151-0051　東京都渋谷区千駄ヶ谷4-9-7

電話：03(5411)6211(編集)
03(5411)6222(営業)
振替：00120-8-767643
印刷・製本所：中央精版印刷株式会社

検印廃止

Printed in Japan
ISBN978-4-344-01400-8 C0095
幻冬舎ホームページアドレス　http://www.gentosha.co.jp/

この本に関するご意見・ご感想をメールでお寄せいただく場合は、
comment@gentosha.co.jpまで。